BATAILLE DE DAMES

OU

UN DUEL EN AMOUR

COMÉDIE EN TROIS ACTES ET EN PROSE

PAR

MM. SCRIBE ET E. LEGOUVÉ

Représentée pour la première fois, à Paris, sur le Théatre-Ffrançais,
le 17 mars 1851.

NOUVELLE ÉDITION

PARIS
MICHEL LÉVY FRÈRES, LIBRAIRES-ÉDITEURS
RUE VIVIENNE, 2 BIS
—
1858

— Représentation, reproduction et traduction réservées. —

PERSONNAGES.

La comtesse d'AUTREVAL, née Kermadio........	Mme ALLAN.
Léonie de la VILLEGOTTIER, sa nièce...........	Mlle FIX.
Henri de FLAVIGNEUL.......................	M. MAILLART.
Gustave de GRIGNON........................	M. REGNIER.
Le baron de MONTRICHARD...................	M. PROVOST.
Un Sous-Officier de dragons.	
Un Domestique.	

La scène se passe au château d'Autreval près de Lyon, en octobre 1817.

BATAILLE DE DAMES

COMÉDIE EN TROIS ACTES ET EN PROSE.

(Le théâtre représente un salon d'été élégant. — Deux portes latérales sur le premier plan. — Cheminée au plan de gauche. — Une porte au fond. — Guéridon à gauche. Petite table et canapé à droite.)

ACTE PREMIER

SCÈNE PREMIÈRE.

(Au lever du rideau, CHARLES, en livrée élégante et tenant à la main des lettres et des journaux, est debout devant un chevalet placé à gauche du public. LÉONIE entre par la porte du fond.)

CHARLES, regardant le tableau posé sur le chevalet.

C'est charmant!.. charmant!.. une finesse! une grâce!..

LÉONIE, qui vient d'entrer, apercevant Charles.

Qu'est-ce que j'entends? (Après un instant de silence et d'un ton sévère.) Charles!.. Charles!..

CHARLES, se retournant brusquement et s'inclinant.

Mademoiselle!

LÉONIE.

Que faites-vous là?

CHARLES.

Pardonnez-moi, Mademoiselle, je regardais le portrait de madame votre tante, notre maîtresse, car je l'ai reconnu tout de suite... tant il est ressemblant!

LÉONIE.

Qui vous demande votre avis? Les lettres? les journaux?

CHARLES.

Je suis allé ce matin à Lyon à la place du cocher, qui n'en avait pas le temps, et j'ai rapporté des lettres pour tout le monde. Pour Mademoiselle, d'abord!

LÉONIE, vivement.

Donnez!.. (Poussant un cri.) Ah!.. de Paris!.. d'Hortense... mon amie d'enfance! (Parcourant la lettre.) Chère Hortense! . elle s'inquiète des « troubles de Lyon!.. des complots qui nous envi- « ronnent. Quant à la cour... il est difficile que cela aille bien... « en l'an de grâce 1817, sous un roi qui fait des vers latins et « qui ne donne jamais de bal. » (S'interrompant.) Elle me demande : *Si je me marie*... Ah bien oui! est-ce qu'on a le temps de songer à cela?.. Les jeunes gens s'occupent de politique et non pas de demoiselles!

CHARLES.

Deux lettres pour madame... (Lisant l'adresse.) Madame la comtesse d'Autreval, née Kermadio... (Haut.) et timbrée d'Auray, pleine Vendée... (Léonie regarde Charles en fronçant le sourcil.) C'est tout simple!.. une excellente royaliste comme madame!

LÉONIE.

Encore!..

CHARLES, posant d'autres lettres sur la table.

Celles-ci pour le frère de madame la comtesse... et pour monsieur Gustave de Grignon... ce jeune maître des requêtes... qui est ici depuis huit jours.

LÉONIE, avec humeur.

Il suffit!.. Les journaux?..

CHARLES, les présentant.

Les voici!

LÉONIE.

Dans un joli état...

CHARLES.

C'est que le cocher et la femme de chambre voulaient les lire avant Madame et Mademoiselle, ce qui est leur manquer de respect... et je me suis opposé...

LÉONIE, l'interrompant.

C'est bien! je ne vous en demande pas tant.

CHARLES.

Je ne croyais pas que Mademoiselle me blâmerait de mon zèle...

LÉONIE, sèchement.

Ce qui souvent déplaît le plus, c'est l'excès de zèle.

CHARLES, souriant.

Comme disait M. de Talleyrand!

LÉONIE, se retournant avec étonnement.

Voilà qui est trop fort!... et si monsieur Charles se permet...

SCÈNE II.

LES PRÉCÉDENTS, LA COMTESSE

LA COMTESSE.

Quoi donc?... qu'y a-t-il, ma chère Léonie?

LÉONIE.

Ce qu'il y a, ma tante!... ce qu'il y a?... M. Charles qui cite M. de Talleyrand!

LA COMTESSE, souriant.

Un homme qui a porté malheur à tous ceux qu'il a servis!... mauvaise recommandation pour un domestique... Rassure-toi... Charles aura lu cela quelque part... sans comprendre!...

CHARLES, s'inclinant respectueusement

Oui, Madame, et je ne pensais pas que cela offusquât Mademoiselle.

LÉONIE.

Offusquât... un subjonctif à présent...

LA COMTESSE, à Charles, qui veut s'excuser.

Pas un mot de plus!... vous parlez trop... Je connais vos bonnes qualités, votre dévouement pour moi... mais vous oubliez trop souvent votre situation; ne me forcez pas à vous la rappeler. Votre place, d'ailleurs, n'est pas ici!... Je vous ai pris uniquement pour soigner les jeunes chevaux de mon frère... allez à votre service! (Charles la salue respectueusement, lui remet les deux lettres qui sont à son adresse et sort par la porte du fond.)

SCÈNE III.

LÉONIE, LA COMTESSE.

LA COMTESSE, tout en décachetant ses lettres.

Jusqu'à M. Charles, jusqu'aux domestiques qui veulent se donner de l'importance!...

LÉONIE.

Oh! mais... une importance dont vous n'avez pas idée...

LA COMTESSE, ouvrant une des lettres.

En vérité... dis-moi donc cela? (Vivement.) Non, non... tout à l'heure!... laisse-moi d'abord parcourir mon courrier!

LÉONIE.

C'est trop juste! je viens de lire le mien. (La comtesse, à droite du spectateur, lit avec émotion et à part la lettre qu'elle vient de décacheter, tandis que Léonie, près de la table à gauche, parcourt les journaux.)

LA COMTESSE.

C'est d'elle!... Pauvre amie!... comme elle tremblait en écrivant! « Ma chère Cécile, soyez bénie mille fois! Je reprends
« espoir depuis que je sais mon fils auprès de vous. Votre châ-
« teau, situé à deux lieues de la frontière, lui permet d'attendre
« sans danger l'issue de ce procès fatal... et d'ailleurs qui pour-
« rait soupçonner que le château de la comtesse d'Autreval ré-
« cèle un homme accusé de conspiration contre le roi? Du reste,
« que vos opinions politiques se rassurent... » (S'interrompant.) Est-
ce que mon cœur a des opinions politiques?... (Reprenant.) « Henri
« n'est pas coupable; un malheureux coup de tête qu'il vous ra-
« contera lui a seul donné une apparence de conspirateur; mais
« cette apparence suffirait mille fois pour le perdre, s'il était
« pris. D'un autre côté, l'on assure qu'on ne veut pas pousser
« plus loin les rigueurs, et l'on dit, mais est-ce vrai? que le
« maréchal commandant la division vient de partir pour Lyon
« avec une mission de clémence... »

LÉONIE, à droite poussant un cri.

Ah! qu'est-ce que je lis!

LA COMTESSE.

Qu'est-ce donc?

LÉONIE, montrant le journal.

Encore une condamnation à mort!

LA COMTESSE.

Ah! mon Dieu!

LÉONIE.

« Le conseil de guerre, séant à Lyon, a condamné hier le
« principal chef du complot bonapartiste, M. Henri de Flavi-
« gneul, un jeune homme de vingt-cinq ans! »

LA COMTESSE.

Qui heureusement s'est évadé avec l'aide de quelques amis, m'a-t-on dit.

LÉONIE.

Oui!... oui!... je me rappelle maintenant... cette évasion qui excitait l'enthousiasme de M. Gustave de Grignon.

LA COMTESSE.

Notre jeune maître des requêtes.

LÉONIE.

Il n'avait qu'un regret, c'est de n'avoir pas été chargé d'une pareille expédition; c'est beau!... c'est brave!...

LA COMTESSE.

Il a de qui tenir! Sa mère, qui avait comme moi traversé toutes les guerres de la Vendée, sa mère avait un courage de lion!

LÉONIE.

C'est pour cela que M. Grignon parle toujours, à table, d'actions héroïques.

LA COMTESSE.

Et le curieux, c'est que son père était, dit-on, peureux comme un lièvre!

LÉONIE.

Vraiment!... c'est peut-être pour cela que l'autre jour il est devenu tout pâle quand la barque a manqué chavirer sur la pièce d'eau!

LA COMTESSE, riant.

A merveille!... vous allez voir qu'il est à la fois brave et poltron!

LÉONIE.

Je le lui demanderai.

LA COMTESSE.

Y penses-tu?

LÉONIE.

Aujourd'hui, en dansant avec lui, car nous avons un bal et un concert pour votre fête... et j'ai déjà pensé à votre coiffure, un azaléa superbe que j'ai vu dans la serre et qui vous ira à merveille!

LA COMTESSE.

Coquette pour ton compte... je le concevrais! mais pour ta tante!...

LÉONIE.

C'est tout naturel!... vous c'est moi! tellement que quand on fait votre éloge, ce qui arrive souvent, je suis tentée de remercier. (Se mettant à genoux près du canapé à droite où est assise la comtesse.) Aussi jugez de ma joie quand ma mère m'a permis de venir passer un mois ici, auprès de vous... Il me semblait que rien qu'en vous regardant, j'allais devenir parfaite... Vous souriez... est-ce que j'ai mal parlé?...

LA COMTESSE.

Non, chère fille, car c'est ton cœur qui parle... Si je souris, c'est de tes illusions! c'est de ta candeur à me dire : Je vous admire!

LÉONIE.

C'est si vrai! A la maison l'on me raille parfois et l'on répète sans cesse : Oh! quand Léonie a dit... *Ma tante,* elle a tout dit! On a raison... la mode que vous adoptez, la robe que je vous vois, me semblent toujours plus belles qu'aucune autre... On dit même, vous ne savez pas, ma tante? on dit que j'imite votre démarche et vos gestes... c'est bien sans le savoir. Et quand vous m'embrassez en m'appelant : Ma chère fille! je suis presque aussi heureuse que si j'entendais ma mère!

LA COMTESSE, l'embrassant.

Prends garde!... prends garde... il ne faut pas me gâter ainsi... j'aurai trop de chagrin de te voir partir... Ce sera ma jeunesse qui s'en ira!

LÉONIE.

Mais vous êtes très-jeune, à vous toute seule, ma tante!

LA COMTESSE.

Certainement... d'une jeunesse de... Voyons? devine un peu le chiffre...

LÉONIE.

Je ne m'y connais pas, ma tante!

LA COMTESSE.

Je vais t'aider... Trente...

LÉONIE.

Trente...

LA COMTESSE.

Allons, un effort...

LÉONIE.

Trente et un!

LA COMTESSE.

On ne peut pas être plus modeste!... J'achèverai donc... trente-trois! Oui, chère fille, trente-trois ans! L'année prochaine, je n'en aurai peut-être plus que trente-deux... mais maintenant... voilà mon chiffre! Hein!... quelle vieille tante tu as là!...

ACTE I, SCÈNE III.

LÉONIE.

Vieille !... chaque matin je ne forme qu'un vœu, c'est de vous ressembler !

LA COMTESSE.

Ce que tu dis là n'a pas le sens commun ; mais c'est égal, cela me fait plaisir... Eh bien, voyons, mon élève, car j'ai promis à ta mère de te faire travailler... as-tu dessiné ce matin ?

LÉONIE.

J'étais descendue pour cela dans ce salon, et devinez qui j'ai trouvé tout à l'heure devant mon chevalet, et regardant votre portrait ?...

LA COMTESSE.

Qui donc ?

LÉONIE.

M. Charles.

LA COMTESSE.

Eh bien ?...

LÉONIE.

Eh bien, ma tante, figurez-vous qu'il disait : C'est charmant !

LA COMTESSE.

Et cela t'a rendue furieuse !...

LÉONIE.

Certainement !... Un domestique ! est-ce qu'il doit savoir si un dessin est joli ou non ?...

LA COMTESSE, riant.

Oh ! petite marquise !...

LÉONIE.

Ce n'est pas tout ! croiriez-vous, ma tante, qu'il chante ?

LA COMTESSE.

Eh bien, s'il est gai, ce garçon !... Est-ce que Dieu ne lui a pas permis de chanter comme à toi !

LÉONIE.

Mais.. c'est qu'il chante très-bien ! voilà ce qui me révolte !

LA COMTESSE.

Ah !... ah !... conte-moi donc cela !

LÉONIE.

Hier, je me promenais dans le parc. En arrivant derrière la haie du bois des Chevreuils, j'entends une voix qui chantait les premières mesures d'un air de Cimarosa, mais une voix charmante, une méthode pleine de goût... Je m'approche... c'était M. Charles !

LA COMTESSE.

En vérité.

LÉONIE, avec dépit.

Vous riez, ma tante; eh bien! moi, cela m'indigne... je ne sais pas pourquoi, mais cela m'indigne! Comment distinguera-t-on un homme bien né d'un valet de chambre, s'ils sont tous deux élégants de figure, de manières... car, remarquez, ma tante, qu'il est tout à fait bien de sa personne, et lorsqu'à table il vous sert, qu'il vous offre un fruit, c'est avec un choix de termes, un accent de bonne compagnie qui me mettent hors de moi... parce qu'il y a de l'impertinence à lui à s'exprimer aussi bien que ses maîtres : cela nous déconsidère, cela nous... (Avec impatience.) Enfin, ma tante, je ne sais comment vous exprimer ce que je ressens; mais moi, qui suis bienveillante pour tout le monde, j'éprouve pour cet insolent valet une antipathie qui va jusqu'à l'aversion, et si j'étais maîtresse ici, bien certainement il n'y resterait pas!

LA COMTESSE, gaiement.

Là... là... calmons-nous! avant de le chasser, il faut permettre qu'il s'explique, ce garçon. (Elle sonne.)

LÉONIE.

Est-ce pour lui que vous sonnez, ma tante?

LA COMTESSE.

Précisément! (A un domestique qui entre.) Charles est-il là?

LE DOMESTIQUE.

Oui, madame la comtesse.

LA COMTESSE.

Qu'il vienne? (Le domestique sort.)

LÉONIE.

Mais, ma tante... qu'allez-vous lui dire?

LA COMTESSE.

Sois tranquille!

LÉONIE.

Je ne voudrais pas qu'il crût que c'est à cause de moi que vous le grondez!

LA COMTESSE, gaiement.

Pourquoi donc? ne trouves-tu pas qu'il t'a manqué de respect?...

SCÈNE IV.

Les précédents, CHARLES.

CHARLES.

Madame m'a appelé?

LA COMTESSE

Oui. Approchez-vous, Charles. Vous me forcerez donc toujours à vous adresser des reproches? Pourquoi vous êtes-vous permis...

LÉONIE, bas, à la comtesse

Il ne savait pas que j'étais là...

LA COMTESSE, à Léonie.

N'importe!... (A Charles.) Pourquoi vous êtes-vous permis de vous approcher de mon portrait, du dessin de ma nièce, et de dire... qu'il était charmant?...

CHARLES.

J'ai dit qu'il était ressemblant, madame la comtesse.

LA COMTESSE.

C'est précisément ce mot qui est de trop : approuver c'est juger; et on n'a le droit de juger que ses égaux.

CHARLES.

Je demande pardon à Mademoiselle de l'avoir offensée... à l'avenir, je ne ferai plus que penser ce que j'ai dit.

LA COMTESSE.

C'est bien...

LÉONIE, à part.

Du tout, c'est mal! Voilà encore une de ces réponses qui m'exaspèrent...

LA COMTESSE, à Charles.

Avez-vous préparé la petite ponette de mon frère, comme je vous l'avais dit?

CHARLES.

Oui, Madame.

LA COMTESSE.

Eh bien, chère Léonie, le temps est beau, va mettre ton habit de cheval, et tu essaieras la ponette dans le parc.

LÉONIE.

Avec vous, chère tante?...

LA COMTESSE.

Non, avec mon frère... et Charles vous suivra.

LÉONIE.

Mais...

LA COMTESSE.

Il est fort habile cavalier, et son habileté rassure ma tendresse pour toi!

LÉONIE.

J'y vais, chère tante... (En s'en allant.) Ah! je le déteste!

SCÈNE V.

LA COMTESSE, HENRI, sous le nom de Charles.

LA COMTESSE.

Eh bien, méchant enfant, vous ne serez donc jamais raisonnable?...

HENRI.

Grondez-moi, vous grondez si bien!

LA COMTESSE.

Vous ne me désarmerez pas par vos cajoleries!... Vous exposer sans cesse à être découvert ou par Léonie ou même par un de mes gens... aller chanter un air de Cimarosa dans le parc; et le bien chanter, encore...

HENRI.

Ce n'est pas ma faute; je me rappelais toutes vos inflexions.

LA COMTESSE.

Taisez-vous!... vos flatteries me sont insupportables... ingrat!... je ne parle pas seulement pour moi qui vous aime en sœur... mais pour votre pauvre mère...

HENRI.

Vous avez raison!... voyons, que dois-je faire?

LA COMTESSE.

D'abord répondre quand j'appelle Charles... et ne pas dire... Quoi? quand quelqu'un dit Henri.

HENRI.

La vérité est que je n'y manque jamais.

LA COMTESSE.

Puis, ne plus vous extasier devant les dessins de ma nièce, et ne pas répondre comme tout à l'heure... Je ne ferai plus que penser ce que j'ai dit!... Hypocrite!... il ne peut pas se décider à ne pas être charmant... Enfin, ne pas vous exposer, comme vous l'avez fait ce matin encore, malgré ma défense, en allant à

Lyon... Mais, malheureux enfant! vous ne savez donc pas qu'il s'agit de vos jours...

HENRI, gaiement.

Bah!

LA COMTESSE.

Tout est à craindre depuis l'arrivée du baron de Montrichard.

HENRI.

Le baron de Montrichard!

LA COMTESSE.

Oui,.. le nouveau préfet... il a la finesse d'une femme, il est rusé comme un diplomate, et avec cela actif, persévérant... et penser que c'est à moi peut-être qu'il doit sa nomination!...

HENRI.

Vous, comtesse; vous avez fait nommer un homme comme lui, dévoué pendant vingt ans, corps et âme, au Consulat et à l'Empire...

LA COMTESSE.

C'est pour cela! il est toujours dévoué corps et âme à tous les gouvernements établis, et il les sert d'autant mieux qu'il veut faire oublier les services rendus à leurs prédécesseurs... aussi va-t-il vouloir signaler son installation par quelque action d'éclat.

HENRI.

C'est-à-dire en faisant fusiller deux ou trois pauvres diables qui n'en peuvent mais...

LA COMTESSE.

Non, il n'est pas cruel; au contraire! je sais même qu'il avait demandé une amnistie générale; mais l'idée de découvrir un chef de conspirateurs va le mettre en verve! il déploiera contre vous toutes les ressources de son esprit... votre signalement sera partout... je le sais... le premier soldat pourrait vous reconnaître...

HENRI.

Eh bien... vous l'avouerai-je?... il y a dans ces périls, dans cette vie de conspirateur poursuivi... je ne sais quoi qui m'amuse comme un roman! rien ne me divertit autant que d'entendre prononcer mon nom dans les marchés, que d'acheter aux crieurs des rues ma condamnation, que d'interroger un gendarme qui pourrait me mettre la main sur le collet... et de lui parler de moi... — Eh bien, monsieur le gendarme, cet Henri de Flavigneul, est-ce qu'il n'est pas encore pris? — Non, vraiment, c'est un enragé qui tient à la vie, à ce qu'il paraît... Dites-moi donc un peu son signalement, si vous l'avez?...

LA COMTESSE.

Mais vous me faites frémir!... Oh! les hommes! toujours les mêmes!... n'ayant jamais que leur vanité en tête; vanité de courage ou vanité d'esprit... Eh bien! tenez, pour vous punir, ou pour vous enchanter peut-être... qui sait?... voyez cette lettre de votre mère... savourez les traces de larmes qui la couvrent... dites-vous que si vous étiez condamné, elle mourrait de votre mort... ajoutez que si je vous voyais arrêté chez moi, je croirais presque être la cause de votre perte et que j'aurais tout à la fois le désespoir du regret et le désespoir du remords... Allons, retracez-vous bien toutes ces douleurs... c'est du dramatique aussi cela... c'est amusant comme un roman... Ah! vous n'avez pas de cœur!

HENRI.

Pardon!... pardon!... j'ai tort!... oui, quand notre existence inspire de telles sympathies, elle doit nous être sacrée; je me défendrai... je veillerai sur moi... pour ma mère... et pour... (Lui prenant la main.) et pour ma sœur!

LA COMTESSE.

A la bonne heure! voilà un mot qui efface un peu vos torts... Pensons donc à votre salut... cher frère... et pour que je puisse agir, racontez-moi en détail ce coup de tête, dont me parle votre mère et qui vous a changé, malgré vous, en conspirateur.

HENRI.

Le voici. Vous le savez, ma famille était attachée, comme la vôtre, à la monarchie, et mon père refusa de paraître à la cour de l'empereur.

LA COMTESSE.

Oui : il avait la manie de la fidélité, comme moi!

HENRI.

Mais le jour où j'eus quinze ans : « Mon fils, me dit-il, j'avais « prêté serment au roi, j'ai dû le tenir et rester inactif. Toi, tu « es libre, un homme doit ses services à son pays; tu entreras « à seize ans à l'Ecole militaire, et à dix-huit dans l'armée. » Je répondis en m'engageant le lendemain comme soldat et je fis la campagne de Russie et d'Allemagne. C'est vous dire mon peu de sympathie pour le gouvernement que vous aimez... et cependant, je vous le jure, je n'ai jamais conspiré... et je ne conspirerai jamais! parce que j'ai horreur de la guerre civile, et que, quand un Français tire sur un Français, c'est au cœur de la France elle-même qu'il frappe! Il y a un mois pourtant, au moment où venait d'éclater la conspiration du capitaine Ledoux, j'entre un matin à Lyon; je vois rangé sur la place Bellecour un peloton d'infanterie, et avant que j'aie pu demander quelle exécution s'apprêtait... arrive une voiture de place suivie de carabiniers à cheval; j'en vois descendre, entre deux soldats, un vieillard en cheveux blancs, en grand uniforme, et je reconnais... qui?... mon ancien général! le brave comte Lambert, qui a reçu vingt blessures au service de notre pays!... Je m'élance, croyant qu'on l'amenait sur cette place pour le fusiller! non! c'était bien pis encore... pour le dégrader!... Était-il coupable? je l'ignore... mais quelque crime politique qu'ait commis un brave soldat, on ne le dégrade pas, on le tue! Aussi, quand je vis un jeune commandant arracher à ce vieillard sa décoration, je ne me connus plus moi-même, je m'élançai vers mon ancien général, et, lui remettant la croix que j'avais reçue de sa main, je m'écriai : Vive l'Empereur!

LA COMTESSE.

Malheureux!

HENRI.

Ce qui arriva, vous le devinez; saisi, arrêté comme un chef de conspiration, je serais encore en prison, ou plutôt je n'y serais plus, si un des geôliers, gagné par vous, ne m'avait donné les moyens de fuir, ici... chez une royaliste, mon ennemie, ici, où j'ai le double bonheur d'être sauvé, et d'être sauvé par vous. Voilà mon crime!

LA COMTESSE.

Dites votre gloire, Henri. J'étais bien résolue ce matin à vous sauver, mais maintenant... qu'ils viennent vous chercher auprès de moi!

SCÈNE VI.

Les précédents, LÉONIE, en habit de cheval.

LÉONIE.

Me voici, ma tante... Suis-je bien?

LA COMTESSE, l'ajustant.

Très-bien, chère enfant; ta cravate un peu moins haute... (A Henri.) Charles, allez voir si mon frère est prêt! (Henri sort.)

LA COMTESSE, à Léonie, tout en l'ajustant.

Qui t'a donné cette belle rose?

LÉONIE.

Monsieur de Grignon!

LA COMTESSE.

Je ne l'ai pas encore vu d'aujourd'hui, notre cher note.

LÉONIE.

Il monte... je l'ai laissé au bas du perron, admirant le cheval de mon oncle!

SCÈNE VII.

Les précédents, DE GRIGNON.

DE GRIGNON, au fond.

Quel bel animal! quel feu! quelle vigueur! qu'on doit être heureux de se sentir emporté sur cet ouragan vivant!

LA COMTESSE.

Le curieux, c'est qu'il le croit!

DE GRIGNON, descendant la scène et apercevant la comtesse et Léonie qu'il salue.

Ah! Mademoiselle!... madame la comtesse!...

LA COMTESSE.

Bonjour, mon hôte!... Ah çà! vous aurez donc toujours la manie de l'héroïsme! je vous entendais là, tout à l'heure, vous extasier sur le bonheur de s'élancer sur un cheval indompté. Je parie que vous regrettez de n'avoir pas monté Bucéphale...

DE GRIGNON, avec enthousiasme.

Vous dites vrai, Madame! c'est si beau... c'est... si... oh!...

LA COMTESSE.

Vous ne trouvez pas le second adjectif... je vais vous rendre le service de vous interrompre; tenez, il y a là des journaux et des lettres!

DE GRIGNON.

Pour moi?

LA COMTESSE.

Oui, là... sur la table.

SCÈNE VIII.

Les précécents, HENRI.

HENRI.

M. de Kermadio est aux ordres de Mademoiselle...

LA COMTESSE, à Léonie.

Je vais te mettre à cheval... (A de Grignon, qui va pour la suivre.) Lisez votre lettre, lisez, je remonte à l'instant. Viens, Léonie... (Elles sortent suivies par Henri.)

SCÈNE IX.

DE GRIGNON, seul, la suivant des yeux.

Quel est le mauvais génie qui m'a mis au cœur une passion insensée pour cette femme ? une femme qui a été héroïque en Vendée, une femme qui adore le courage ! Aussi, pour lui plaire, il n'est pas d'action intrépide que je ne rêve... pas de péril auquel je ne m'expose... en imagination !... Dès que je pense à elle, rien ne m'effraie... je me crois un héros... moi ! un maître des requêtes, qui par état n'y suis pas obligé... et quand je dis un héros... c'est que je le suis... en théorie ! Par malheur, il n'en est pas tout à fait de même dans la pratique... C'est inconcevable, c'est inouï ! il y a là un mystère qui ne peut s'expliquer que par des raisons de naissance !... C'est dans le sang ! Je tiens à la fois de ma mère, qui était le courage en personne, et de mon père, qui était la prudence même !... Les imbéciles me diront à cela : Eh bien ! Monsieur, restez toujours le fils de votre père ; n'approchez pas du danger... (Avec colère.) Mais, est-ce que je le peux, Monsieur ? est-ce que ma mère me le permet, Monsieur ? Est-ce que, s'il pointe à l'horizon quelque occasion d'héroïsme, le maudit démon maternel qui s'agite en moi ne précipite pas ma langue à des paroles compromettantes ? Est-ce que ma moitié héroïque ne s'offre pas, ne s'engage pas ?... Comme tout à l'heure, à la vue de ce beau cheval fougueux et écumant que je brûlais d'enfourcher... parce qu'un autre était dessus... et si l'on m'avait dit, Montez-le... alors mon autre moitié, ma moitié paternelle, l'aurait emporté, et adieu ma réputation !... Ah ! c'est affreux ! c'est affreux ! être brave... et nerveux !... et penser que, pour comble de maux, me voilà amoureux fou d'une femme dont la vue m'anime... m'exalte !... Elle me fera faire quelque exploit, quelque sottise, j'en suis sûr... Jusqu'à présent je m'en suis assez bien tiré... Je n'ai eu à dépenser que des paroles... mais cela ne durera peut-être pas... et alors... repoussé, méprisé par elle... (Avec résolution.) Il n'y a qu'un moyen d'en sortir !... c'est de l'épouser !... Une fois marié, je suis père, une fois père, j'ai le droit d'être prudent avec honneur !... Que dis-je ?... le droit !... c'est un devoir... un père de famille se doit à sa femme et à ses enfants. Un bonapartiste insulte le roi devant moi... je ne peux pas le provoquer... je suis père de famille !

Qu'il arrive une inondation, un incendie, une peste, je me sauve... je suis père de famille! Il faut donc se hâter d'être père de famille le plus tôt possible! (Se mettant à la table à gauche et écrivant.) Et pour cela risquons ma déclaration bien chaude, bien brûlante... comme je la sens... Plaçons-la ici... sous ce miroir... elle la verra... elle la lira... et espérons !

SCÈNE X.

Les précédents, LA COMTESSE, soutenant Léonie et entrant avec elle par le fond.

LA COMTESSE, dans la coulisse.

Louis!... Joseph!...

DE GRIGNON.

Elle appelle... (Il va au fond au moment où la comtesse entre, et l'aide à soutenir Léonie qu'ils placent tous les deux sur le canapé à droite.)

DE GRIGNON.

Qu'y a-t-il donc?

LA COMTESSE.

Un accident; mais elle commence à reprendre ses sens.

DE GRIGNON.

Elle n'est pas blessée?...

LA COMTESSE.

Non, grâce au ciel ; mais je crains que la secousse, l'émotion... Sonnez donc, mon ami, je vous prie...

DE GRIGNON.

Que désirez-vous?

LA COMTESSE.

Qu'on aille à l'instant à Saint-Andéol chercher le médecin.

DE GRIGNON.

J'y vais moi-même et je le ramène.

LA COMTESSE.

J'accepte ; vous êtes bon !

DE GRIGNON, à part.

J'aime autant ne pas être là quand elle lira mon billet.. (Haut.) Je pars et je reviens. (Il sort.)

SCÈNE XI.

LA COMTESSE, LÉONIE, assise.

LÉONIE, encore sans connaissance.

Ma tante!... ma tante!... si vous saviez... je n'y puis croire encore... J'étais si en colère... c'est-à-dire si ingrate!... ce pauvre jeune homme à qui je dois la vie!

LA COMTESSE.

Qu'est-ce que cela signifie?

LÉONIE, revenant à elle.

C'est une aventure si étonnante... ou plutôt... si heureuse! Imaginez-vous, ma tante, que Charles..... (Se reprenant.) non, M. Henri.... non..... je disais bien!..... Charles..... ce pauvre Charles...

LA COMTESSE, vivement.

Tu sais tout?

LÉONIE, avec joie.

Eh! oui, sans doute!

LA COMTESSE, avec effroi.

O ciel!

LÉONIE, vivement et se levant du canapé.

Je me tairai, ma tante, je me tairai, je vous le jure... Je vous aiderai à le protéger, à le défendre... j'y suis bien forcée maintenant... ne fût-ce que par reconnaissance...

LA COMTESSE, avec impatience.

Mais tout cela ne m'explique pas...

LÉONIE, avec joie.

C'est juste... il me semble que tout le monde doit savoir... et il n'y a que moi... c'est-à-dire nous deux... Voilà donc que nous galopions dans le parc avec mon oncle, quand tout à coup son cheval prend peur, la ponette en fait autant et m'emporte du côté du bois. Déjà ma jupe s'était accrochée à une branche; j'allais être arrachée de ma selle, et traînée peut-être sur la route, quand Charles... M. Charles, se précipite à terre, se jette hardiment au devant de la ponette, l'arrête d'une main, me retient de l'autre, et me dépose à moitié évanouie sur le gazon.

LA COMTESSE.

Brave garçon!

LÉONIE.

Et malgré cela j'étais d'une colère...

LA COMTESSE.

Tu lui en voulais de te sauver?

LÉONIE.

Non pas de me sauver, mais de me sauver avec si peu de respect! Imaginez-vous, ma tante, qu'il me prenait les mains pour me les réchauffer... qu'il me faisait respirer un flacon... je vous demande si un domestique doit avoir un flacon... et qu'il répétait sans cesse comme il aurait fait pour son égale... Pauvre enfant! pauvre enfant!... Je ne pouvais pas répondre, parce que j'étais évanouie... mais j'étais très-en colère en dedans. Et lorsqu'en ouvrant les yeux, je le trouvai à mes genoux... presque aussi pâle que moi, et qu'il me tendit la main en me disant : Eh bien! chère demoiselle, comment vous trouvez-vous?... mon indignation fut telle que je répondis par un coup de cravache dont je frappai la main qu'il osait me tendre... puis je fondis en larmes... sans savoir pourquoi...

LA COMTESSE, avec un commencement d'inquiétude.

Eh bien, après?

LÉONIE.

Après?... Jugez de ma surprise, de ma joie, quand je le vis se relever en souriant... découvrir sa tête avec une grâce charmante, et me dire, après m'avoir saluée : Que votre légitime orgueil ne s'alarme pas de ma témérité, Mademoiselle; celui qui a osé tendre la main à mademoiselle de Villegontier, ce n'est pas Charles, le valet de chambre, c'est M. Henri de Flavigneul, le proscrit.

LA COMTESSE.

Ah! le malheureux! il se perdra!

LÉONIE.

Se perdre, parce qu'il m'a confié son secret!

LA COMTESSE.

Qui me dit que tu sauras le garder?

LÉONIE.

Vous croyez mon cœur capable de le trahir!...

LA COMTESSE.

Le trahir!... Dieu me garde d'un tel soupçon!... mais c'est ta bonté même, ce sont tes craintes qui te trahiront!

LÉONIE, avec élan.

Ah! ne redoutez rien... je serai forte... il s'agit de lui!

LA COMTESSE, vivement.

De lui!

LÉONIE, avec abandon.

Pardonnez-moi!... Je ne puis vous cacher ce qui se passe dans mon âme... Mais pourquoi vous le cacher, à vous? Eh bien, oui, une force, une joie ineffable remplissent mon cœur tout entier... J'étais si malheureuse depuis quinze jours; je ne pouvais m'expliquer à moi-même ce que je ressentais... ou plutôt je ne

ACTE I, SCÈNE XI.

l'osais pas : c'était de la honte, de la colère... je me sentais entraînée vers un abîme, et cependant j'y tombais avec joie.

LA COMTESSE, avec anxiété.

Que veux-tu dire ?...

LÉONIE.

Je comprends tout maintenant... Si j'étais aussi indignée contre lui... et contre moi, ma tante, c'est que je l'aimais !...

LA COMTESSE, avec explosion.

Vous l'aimez !...

LÉONIE.

Qu'avez-vous donc ?...

LA COMTESSE, froidement.

Rien ! rien !... Vous l'aimez !...

LÉONIE.

Vous semblez irritée contre moi, chère tante...

LA COMTESSE, de même.

Irritée !... moi... non !... je ne suis pas irritée... Pourquoi serais-je irritée ?

LÉONIE.

Je l'ignore !... peut-être... est-ce de ma confiance trop tardive... Je vous aurais dit plus tôt mon secret si je l'avais su plus tôt !

LA COMTESSE.

Qui vous reproche votre manque de confiance ?... Laissez-moi... j'ai besoin d'être seule !...

LÉONIE, avec douleur.

Oh ! mais... vous m'en voulez !...

LA COMTESSE, avec impatience.

Mais non, vous dis-je...

LÉONIE.

Vous ne m'avez jamais parlé ainsi ! vous ne me dites plus *toi !*

LA COMTESSE, avec émotion.

Tu pleures ?... Pardon, chère enfant, pardon ! Si je t'ai affligée, c'est que moi-même... je souffrais... oh ! cruellement !... je souffre encore... Laisse-moi seule un moment... je t'en prie !... (Elle regarde Léonie, puis l'embrasse vivement.) Va-t'en ! va-t'en !...

LÉONIE, en s'en allant.

A la bonne heure, au moins. (Elle sort.)

SCÈNE XII.

LA COMTESSE, seule.

Elle l'aime! Pourquoi ne l'aimerait-elle pas?... N'est-elle pas jeune comme lui? riche et noble comme lui?... Pourquoi donc souffré-je tant de cette pensée? Pourquoi, pendant qu'elle me parlait... ressentais-je contre elle un sentiment de colère... d'aversion, de... Non, ce n'est pas possible! depuis quinze jours ne veillais-je pas sur lui comme une amie... ne lui parlais-je pas comme une mère?... ce matin, ne l'ai-je pas remercié de ce qu'il m'appelait ma sœur?... Ah! malgré moi le voile tombe!... ce langage maternel n'était qu'une ruse de mon cœur pour se tromper lui-même... je ne cherchais dans ces titres menteurs de sœur ou de mère qu'un prétexte, que le droit de ne lui rien cacher de ma tendresse... Ce n'est pas de l'intérêt... de l'amitié... du dévouement... c'est de l'amour!... J'aime!... (Avec effroi.) J'aime!... moi! et ma rivale, c'est l'enfant de mon cœur, c'est un ange de grâce, de bonté... Ah! tu n'as qu'une résolution à prendre! renferme, renferme ta folle passion dans ton cœur comme une honte, cache-la, étouffe-la!... (Après un moment de silence.) Je ne peux pas! Depuis que ce feu couvert a éclaté à mes propres yeux, depuis que je me suis avoué mon amour à moi-même... il croît à chaque pensée, à chaque parole!... je le sens qui m'envahit comme un flot qui monte!... (Avec résolution.) Eh bien! pourquoi le combattre? Léonie aime Henri, c'est vrai... mais lui, il ne l'aime pas encore... il aurait parlé s'il l'aimait... elle me l'aurait dit s'il avait parlé... (Avec joie.) Il est libre! eh bien! qu'il choisisse!... Elle est bien belle déjà... on dit que je le suis encore... Qu'il prononce!... (Avec douleur.) Pauvre enfant!... elle l'aime tant!... Ah Dieu! je l'aime mille fois davantage! Elle aime, elle, comme on aime à seize ans, quand on a l'avenir devant soi et que le cœur est assez riche pour guérir, se consoler, oublier et renaître!... mais à trente ans notre amour est notre vie tout entière... Allons, il faut lutter avec elle... luttons... non pas de ruse ou de perfidie féminine... non! mais de dévouement, d'affection, de charme... On dit que j'ai de l'esprit, servons-nous-en... Léonie a ses seize ans, qu'elle se défende!... et si je triomphe aujourd'hui... ah! je réponds de l'avenir... je rendrai Henri si heureux que son bonheur m'absoudra du mien! (Après un moment de silence.) Mais triompherai-je? sais-je seulement s'il m'est permis de lutter?... qui me l'apprendra? Quand on a un grand nom, du crédit, de la fortune... ceux qui nous entourent nous disent-ils la vérité?... (Elle prend sur la table à gauche un miroir.) Ma main tremble en prenant ce miroir... ce n'est pas le trouble de la coquetterie... non, c'est mon cœur qui fait trembler ma main... je ne me trouverai jamais telle que je voudrais être... ne regardons pas!... (Après un moment d'hésitation, elle regarde, fait un sourire et dit ensuite :) Oui... mais il en a trompé tant d'autres! (Elle remet le miroir sur la table et aperçoit la lettre que de Grignon avait mise dessous.) Quelle est cette lettre?... A madame la comtesse d'Autreval... (Regardant la signature.) De M. de Grignon! Eh bien... lisons!... (Au moment où elle ouvre la lettre, de Grignon paraît au fond.)

SCÈNE XIII.
LA COMTESSE, DE GRIGNON.

DE GRIGNON, au fond.

Elle tient ma lettre!

LA COMTESSE, lisant.

Qu'ai-je lu?

DE GRIGNON, au fond.

Elle ne me semble pas trop irritée!

LA COMTESSE, continuant de lire.

Oui... oui... c'est bien le langage d'un amour vrai... l'accent de la passion... le cri du cœur!

DE GRIGNON, à part.

Elle se parle à elle-même...

LA COMTESSE, tenant toujours la lettre.

Il m'aime!... on peut donc m'aimer encore!... il demande ma main!... on peut donc songer à m'épouser encore!

DE GRIGNON, s'avançant.

Ma foi... je me risque! (Il fait un pas en se mettant à tousser.)

LA COMTESSE, se retournant et l'apercevant.

Est-ce vous qui avez écrit cette lettre?

DE GRIGNON.

Cette lettre... celle que tout à l'heure... (A part.) Ah! mon Dieu!

LA COMTESSE, vivement.

Répondez... est-ce vous?

DE GRIGNON.

Eh bien! oui, Madame.

LA COMTESSE, de même.

Et ce qu'elle contient est bien l'expression de votre pensée?

DE GRIGNON.

Certainement.

LA COMTESSE.

Vous m'aimez?... vous me demandez ma main?

DE GRIGNON.

Et pourquoi pas?

LA COMTESSE.

Vous, à vingt-cinq ans?

DE GRIGNON.

Eh! qu'importe l'âge! tout ce que je sais, tout ce que je peux vous dire... c'est que vous êtes jeune et belle... ce que je sais, c'est que je vous aime.

LA COMTESSE, avec joie.

Vous m'aimez?

DE GRIGNON.

Et dussiez-vous ne pas me le pardonner... dussiez-vous m'en vouloir!

LA COMTESSE, de même.

Vous en vouloir! mon ami, mon véritable ami... ainsi, c'est bien certain, vous m'aimez? vous me trouvez belle?... Ah! jamais paroles ne m'ont été si douces... et si vous saviez... si je pouvais vous dire...

DE GRIGNON.

Ah! je n'en demande pas tant... l'émotion... le trouble où je vous vois suffiraient à me faire perdre la raison. (On entend en dehors, à droite, le bruit d'un orchestre.)

LA COMTESSE.

Qu'est-ce que cela?

DE GRIGNON.

Ah! mon Dieu! j'oubliais... une surprise... une fête... la vôtre.

LA COMTESSE.

Ma fête!... je n'y pensais plus.

DE GRIGNON.

Mais nous y pensions, nous et votre nièce... et là, dans le grand salon, vos amis, les habitants du village... tous vos gens...

LA COMTESSE.

Mes gens!...

DE GRIGNON.

Bal champêtre et concert.

LA COMTESSE.

Un bal!... un concert!... (A part.) Il sera là. (Haut.) Oh! merci, mon ami; venez, venez, nous danserons...

DE GRIGNON.

Oui, Madame.

LA COMTESSE.

Nous chanterons...

DE GRIGNON.

Oui, Madame.

LA COMTESSE.

Pour eux!... avec eux!...

DE GRIGNON.

Oui, Madame.

LA COMTESSE, à part.

Il sera là!... il nous entendra... il nous jugera... (A de Grignon.) Venez, mon ami, je suis si heureuse.

DE GRIGNON.

Et moi donc!

LA COMTESSE.

Venez, venez! (Ils sortent par la porte à droite.)

ACTE II

SCÈNE PREMIÈRE.

DE GRIGNON, sortant de l'appartement à droite, puis MONTRICHARD, entrant par le fond.

DE GRIGNON.

C'est étonnant!... depuis l'aveu qu'elle m'a fait... elle ne me regarde plus!... Et pourtant... quand je me rappelle son trouble de ce matin, sa physionomie... tout me dit que je suis aimé... tout... excepté elle!... Ah! c'est qu'une lettre passionnée... des paroles brûlantes ne suffisent pas pour la connaissance de mon amour... il faudrait des preuves réelles... des actions... (Remontant le théâtre et voyant M. de Montrichard qui entre précédé d'un maréchal des logis de dragons, auquel il parle bas.) Quel est cet étranger?

MONTRICHARD, au dragon.

Que mes ordres soient exécutés de point en point!... Rien de plus, rien de moins!... vous entendez?

LE DRAGON, saluant et se retirant.

Oui, monsieur le préfet.

MONTRICHARD, s'avançant et saluant de Grignon.

Madame la comtesse d'Autreval, Monsieur?

DE GRIGNON.

Elle est au salon, environnée de tous ses amis, dont elle reçoit les bouquets... C'est sa fête... mais dès qu'elle saura que M. le préfet du département...

MONTRICHARD.

Vous me connaissez, Monsieur?

DE GRIGNON.

Je viens d'entendre prononcer votre nom, (Faisant quelques pas vers le salon.) et je vais...

MONTRICHARD.

Ne vous dérangez pas, de grâce! rien ne me presse! Quand on est porteur de fâcheuses nouvelles...

DE GRIGNON.

Ah! mon Dieu!

MONTRICHARD.

La comtesse, que je connais depuis longtemps, a toujours été parfaite pour moi, et, dernièrement encore, le ministre ne m'a pas laissé ignorer qu'elle avait parlé en ma faveur.

DE GRIGNON.

Elle est fort bien en cour! et je conçois qu'il vous soit pénible...

MONTRICHARD.

Pour la première visite que je lui fais...

DE GRIGNON.

De lui apporter une mauvaise nouvelle.

MONTRICHARD, froidement.

Plusieurs, Monsieur.

DE GRIGNON, effrayé.

Et lesquelles?

MONTRICHARD.

Lesquelles?... mais d'abord une qui est assez grave, le feu vient de prendre à l'une des fermes de madame la comtesse.

DE GRIGNON.

Vous en êtes sûr?

MONTRICHARD.

Nous l'avons aperçu de la grande route où nous passions, et

comme je ne pouvais détacher aucun des gens de mon escorte...
pour des motifs sérieux...

DE GRIGNON.

Ah !

MONTRICHARD.

Oui, fort sérieux ! J'ai dirigé sur la ferme tous les paysans
que j'ai rencontrés sur mon chemin, ordonnant qu'on m'envoyât au plus tôt des nouvelles de l'incendie. (Il remonte le théâtre.)

DE GRIGNON, sur le devant du théâtre.

Un incendie !... quelle belle occasion d'héroïsme !... Si j'y
allais !... Quel effet sur la comtesse, quand elle demandera : Où
donc est M. de Grignon ? et qu'on lui répondra : Il est au feu...
pour vous... pour vous, comtesse !... (A Montrichard.) Monsieur,
cette ferme est-elle loin d'ici ?...

MONTRICHARD.

A une demi-lieue à peine, et si l'on pouvait y envoyer une
pompe à incendie...

DE GRIGNON, avec chaleur.

Une pompe ?... j'y vais moi-même... Il y en a une à la ville
voisine, et je cours...

MONTRICHARD.

Très-bien, Monsieur, très-bien !... Mais attendez... on ne vous
la confierait peut-être pas sans un ordre de moi, et si vous le
permettez...

DE GRIGNON.

Si je le permets !... (Montrichard se met à la table de gauche et cherche autour
de lui ce qu'il faut pour écrire ; ne le trouvant pas, il tire un carnet de sa poche et trace
quelques lignes au crayon.)

DE GRIGNON, se promenant pendant ce temps avec agitation.

Est-il un plus beau rôle que celui de sauveur dans un incendie !... marcher sur des poutres enflammées !... disparaître au
milieu des tourbillons de fumée et de feu... au moment le plus
terrible... quand la toiture va s'écrouler... Voir tout à coup à
une fenêtre un vieillard, une femme qui tend vers vous les
bras, en s'écriant : Sauvez-moi ! sauvez-moi !... Alors, s'élancer
au milieu des cris de la foule : Vous allez vous perdre !... N'importe !... C'est une mort certaine !... N'importe !... (S'interrompant et
s'adressant à Montrichard.) Le fermier a-t-il des enfants ?...

MONTRICHARD, écrivant toujours.

Trois... je crois...

DE GRIGNON, avec joie.

Trois enfants... quel bonheur !... (A Montrichard.) En bas âge ?...

MONTRICHARD, écrivant toujours.

Oui...

DE GRIGNON, à part.

Tant mieux! c'est plus facile à sauver!... Puis, rendre trois enfants à leur mère!... Et comme la comtesse me recevra, quand je reviendrai escorté par tous les hommes de la ferme... porté sur un brancard de feuillages.. les vêtements brûlés... le visage noirci... Ah! ma tête s'exalte... Donnez... donnez, Monsieur!... J'y vais... j'y cours!

MONTRICHARD, lui remettant le billet.

A merveille!.., (A part.) Quel enthousiasme dans ce jeune homme!... (A de Grignon, qui a fait un pas pour s'éloigner.) Veuillez en même temps vous informer de ce pauvre garçon de ferme que nous avons rencontré sur la route, et qu'on rapportait blessé du lieu de l'incendie.

DE GRIGNON, commençant à avoir peur.

Ah!... ah!... blessé!... légèrement, sans doute...

MONTRICHARD.

Hélas!... non... la peau lui tombait du visage comme s'il avait été brûlé vif...

DE GRIGNON.

Ah!... la peau... lui... tombait...

MONTRICHARD.

Le plus dangereux... c'est une poutre qui lui a enfoncé trois côtes...

DE GRIGNON.

Enfoncé trois côtes!... voyez-vous cela!... En voulant porter secours?...

MONTRICHARD.

Oui, Monsieur. Mais partez, partez!...

DE GRIGNON, immobile et restant sur place.

Oui... Monsieur... le temps de faire seller un cheval... par mon domestique... qui en même temps pourrait bien y aller lui-même... car enfin... cela le regarde... dès qu'il s'agit de porter une lettre... il s'en acquittera mieux que moi... il ira plus vite...

UN BRIGADIER DE GENDARMERIE entre dans ce moment, et s'adressant à M. de Montrichard.

Monsieur le préfet, un exprès arrive, annonçant que le feu est éteint!

MONTRICHARD.

Tant mieux!

DE GRIGNON, vivement.

Éteint!... Quelle fatalité!... au moment où j'y allais! (A Montrichard.) Car j'y allais, vous l'avez vu, je partais...

LE BRIGADIER, bas, à Montrichard.

Le sous-lieutenant a placé à l'extérieur tous nos hommes, comme vous l'aviez indiqué... mais il a de nouveaux renseignements dont il voudrait faire part à monsieur le préfet.

MONTRICHARD, à part.

Très-bien... Je tiens à les connaître et à les vérifier avant de voir la comtesse... (Haut, à de Grignon.) Veuillez, Monsieur, ne pas parler de mon arrivée à madame d'Autreval, car un devoir imprévu m'oblige à vous quitter; mais je reviens à l'instant. (Il sort.)

DE GRIGNON, se promenant avec agitation.

Malédiction!... Il n'y eut jamais une occasion pareille!... un incendie que j'aurais trouvé éteint! de l'héroïsme et pas de danger! Ah! si jamais j'en rencontre une autre!... Voici la comtesse!... Toujours rêveuse, comme ce matin... Mais est-ce à moi qu'elle pense?... (S'approchant d'elle.) Madame...

SCÈNE II.

DE GRIGNON, LA COMTESSE, sortant de l'appartement à droite.

LA COMTESSE, distraite.

Ah! c'est vous, mon cher de Grignon!...

DE GRIGNON, à part.

Elle a dit mon cher de Grignon!...

LA COMTESSE, qui a l'air préoccupé et regarde dans la salle de bal.

Eh! pourquoi donc n'êtes-vous pas dans la salle de bal? Un bal champêtre au milieu du salon : le château et la ferme... grands seigneurs et femmes de chambre.

DE GRIGNON.

J'étais ici... m'occupant de vos intérêts... Une de vos fermes où le feu avait pris,... mais il est éteint, par malheur pour moi...

LA COMTESSE, distraite.

Comment cela?

DE GRIGNON, avec chaleur.

J'aurais été si heureux de m'exposer pour vous!... car, sachez-le bien, je vous aime plus que moi-même... plus que ma vie.

LA COMTESSE, riant, mais rêveuse.

C'est beaucoup!

DE GRIGNON.

Vous en doutez?

LA COMTESSE.

Vous m'aimez bien, je le crois; mais plus que la vie... non!... Vous n'assistiez seulement pas à notre concert.

DE GRIGNON, avec enthousiasme.

J'y étais, madame!... j'ai entendu votre admirable duo avec votre nièce... Quel enthousiasme général!... vos gens eux-mêmes, qui écoutaient de l'antichambre... étaient ravis... transportés... un surtout... votre nouveau domestique...

LA COMTESSE, vivement.

Charles!...

DE GRIGNON.

Oui, Charles... il criait bravo encore plus fort que moi...

LA COMTESSE, avec affectation.

Ah! ce cher de Grignon, que j'accusais... que je méconnaissais!...

DE GRIGNON, à part.

Je l'ai ramenée enfin au même point que ce matin.

LA COMTESSE.

Ainsi, vous et Charles, vous m'applaudissiez?...

DE GRIGNON, apercevant Henri qui entre par le fond.

Mais certainement... Et tenez, il pourrait vous le dire lui-même, car le voici qui vient de ce côté...

LA COMTESSE, à part.

Lui!... (Vivement, à de Grignon.) Mon ami... j'ai eu des torts avec vous... je veux les réparer... Allez m'attendre dans le salon, et nous ouvrirons le bal ensemble...

DE GRIGNON, avec ivresse.

J'y cours... Madame... j'y cours! (S'éloignant par la droite.) Cela va bien! cela va bien!

SCÈNE III.

LA COMTESSE, puis HENRI.

HENRI.

C'est vous, enfin, comtesse; je vous cherchais de tous côtés...

LA COMTESSE, émue.

Et pourquoi donc, Henri?

HENRI, avec exaltation.

Pourquoi? pour vous dire tout ce que j'ai dans l'âme! le dire si je le puis... car, comment exprimer ce que j'ai ressenti... puisque personne n'a jamais vu ce que je viens de voir... n'a jamais entendu ce que je viens d'entendre!...

LA COMTESSE, souriant, mais émue.

Quel enthousiasme! et qui donc a pu le causer?

HENRI.

Qui? vous et elle!...

LA COMTESSE.

Comment?

HENRI.

Elle et vous!... vous deux, que je ne veux plus séparer dans ma pensée; vous deux, qui venez de m'apparaître unies, confondues... comme deux sœurs!

LA COMTESSE, riant.

Ou comme deux roses sur la même tige... ou comme deux étoiles dans la même constellation... Mais cependant, avouez-le, la rose cadette était la plus belle!

HENRI.

Comment vous le dire, puisque je ne le sais pas moi-même? Aucune n'était la plus belle... car elles s'embellissaient l'une l'autre, car le front pur et angélique de la plus jeune faisait ressortir le front poétique et brillant de l'aînée!... Vous souriez... que serait-ce donc... si je vous racontais mes impressions pendant le duo que vous avez chanté ensemble...

LA COMTESSE, gaiement.

Racontez... racontez... je suis curieuse de voir comment vous sortirez de cet embarras...

HENRI, gaiement.

Je n'en sortirai pas... et mon bonheur est dans cet embarras même...

LA COMTESSE.

C'est fort original!

HENRI.

Grâce à ma bienheureuse livrée, j'étais mêlé à vos fermiers et à vos gens... Eh bien!... à peine vos premières notes entendues, car c'était vous qui commenciez, à peine votre belle voix touchante eut-elle attaqué ce cantabile admirable, que des larmes coulèrent de tous les yeux...

LA COMTESSE.

Prenez garde!... vous allez être infidèle à la seconde étoile!..

HENRI.

Vos railleries ne m'arrêteront pas... Ces intelligences incultes... ces oreilles grossières devenaient fines et délicates en vous écoutant... elles ne se rendaient compte de rien, et cependant elles comprenaient tout!...

LA COMTESSE.

Et Léonie?...

HENRI.

Elle parut à son tour... et, je vous l'avoue, quand elle commença, une sorte de pitié me saisit pour elle... Pauvre enfant! me dis-je... comme elle va paraître gauche et inexpérimentée!

LA COMTESSE, avec plus de vivacité.

Eh bien?...

HENRI.

Eh bien, j'avais raison!... Son inexpérience se trahissait dans chaque note... mais je ne sais comment cette inexpérience avait un charme que je ne puis rendre!...

LA COMTESSE.

Ah!...

HENRI.

On ne pouvait s'empêcher de sourire en entendant cette voix enfantine après la vôtre... et cependant, ce contraste même lui prêtait quelque chose de naïf... de frais...

LA COMTESSE.

Prenez garde!... voici la première étoile qui pâlit à son tour.

HENRI, avec chaleur.

Non!... non!... car les voici toutes deux réunies! car l'ensemble du duo commence, car votre voix émouvante et passionnée se mêle à son chant timide et pur... Oh! alors... alors... il sortit de ce mélange je ne sais quelle impression qui tenait de l'enchantement. Ce n'étaient plus seulement vos deux voix qui se confondaient, c'étaient vos deux personnes... vous ne formiez plus qu'un seul être! charmant... complet... représentant à la fois la jeune fille et la femme, tout semblable enfin à un rameau de cet arbre fortuné qui croît sous le ciel de Naples, et porte sur une même branche et des fleurs et des fruits!

LA COMTESSE, à part.

J'espère.

ACTE II, SCÈNE III.

HENRI, poussant un cri.

Ah! mon Dieu!

LA COMTESSE.

Qu'avez-vous?

HENRI.

Une contredanse que j'ai promise.

LA COMTESSE.

A qui?

HENRI.

A Catherine, votre fermière, vis-à-vis mademoiselle Léonie, votre nièce, contredanse que j'oubliais près de vous.

LA COMTESSE, avec joie.

Est-il possible!

HENRI.

Heureusement l'orchestre n'a pas encore donné le signal... et je cours...

LA COMTESSE.

Oui, mon ami... il ne faut pas faire attendre... madame Catherine la fermière... Allez!... allez!... (Pendant qu'Henri sort par la droite, après avoir baisé la main de la comtesse qu. le suit des yeux, Léonie entre doucement par la porte du fond, et s'approchant de la comtesse.)

LÉONIE.

Ma tante!...

LA COMTESSE.

Toi! Je te croyais invitée pour cette contredanse...

LÉONIE.

Oui.

LA COMTESSE.

Eh bien! tu n'y vas pas?

LÉONIE.

C'est qu'auparavant j'aurais un conseil à vous demander.

LA COMTESSE.

Comment?...

LÉONIE.

Je vais vous dire... Pendant que je chantais... j'ai vu des larmes dans ses yeux... à lui! et c'est déjà un bon commencement... Cela prouve que je ne lui déplais pas... n'est-ce pas, ma tante!

LA COMTESSE.

Sans doute...

LÉONIE.

Mais c'est qu'il m'a priée de lui faire vis-à-vis, et j'ai une grande peur que ma danse ne vienne détruire le bon effet de mon chant... j'ai envie de ne pas danser.

LA COMTESSE.

Y penses-tu?

LÉONIE.

J'ai tant de défauts en dansant... Hier encore, vous me le disiez vous-même... trop de raideur dans les bras... les épaules pas assez effacées...

LA COMTESSE, avec franchise.

Et malgré cela tu étais charmante.

LÉONIE, vivement.

Vraiment?...

LA COMTESSE, s'oubliant.

Que trop!

LÉONIE.

Ah! tant mieux! (Avec contentement.) Je vais danser, ma tante, je vais danser. (Gaiement.) Et puis je tâcherai de me corriger... et la première fois que je danserai avec lui... ce qui ne tardera pas, je l'espère... (S'arrêtant.)

LA COMTESSE.

Eh bien!... qui te retient?...

LÉONIE.

Un autre conseil que j'aurais encore à vous demander... un conseil... pour lui plaire... (Elle regarde autour d'elle avec inquiétude.) Nous avons le temps encore...

LA COMTESSE, à part.

Moi, lui apprendre?... Eh bien oui! si Henri me choisit après cela.. c'est bien moi qu'il aimera.

LÉONIE, à demi-voix.

C'est pour ma coiffure... Si je plaçais, comme vous, quelque ornement dans mes cheveux... une fleur... ou plutôt... (Montrant un bracelet.) Ce bracelet de perles.

LA COMTESSE, vivement.

Enfant! qui ne sais pas que la plus belle couronne de la jeunesse, c'est la jeunesse elle-même, et qu'en voulant parer un front de seize ans, on le dépare...

LÉONIE.

Eh bien... je ne mettrai rien... Merci, ma tante... adieu, ma tante!... (Elle fait vas pour s'éloigner.) Ah! j'oubliais... S'il me parle en dansant... que lui dirai-je?... j'ai peur de rester court, et de lui paraître sotte par mon silence... Ah! ma tante, conseillez-moi; donnez-moi un sujet de conversation...

LA COMTESSE.

Moi !

LÉONIE.

Vous avez tant d'esprit, et votre esprit lui plaît tant !

LA COMTESSE, vivement.

Il te l'a dit?

LÉONIE.

Pendant plus d'un quart-d'heure; ainsi il me semble que des paroles inspirées par vous garderaient quelque chose de votre grâce à ses yeux...

LA COMTESSE, à part.

Quelle singulière pensée lui vient là?...

LÉONIE, vivement.

J'y suis!... oui... oui... voilà mon sujet!... je suis certaine de lui plaire!... je parlerai...

LA COMTESSE.

De quoi?...

LÉONIE.

De vous!... Sur ce chapitre-là, je réponds de mon éloquence!

LA COMTESSE, avec effusion.

Ah! bonne et tendre nature... je veux...

LÉONIE.

J'entends la voix de monsieur Henri...

LA COMTESSE.

Henri!... (A part.) Quand il est là, je ne vois plus que lui!

LÉONIE.

Il m'attend... il me semble qu'il m'appelle... Adieu, ma tante... adieu!... (Elle sort par la droite.)

SCÈNE IV.

LA COMTESSE, seule, regardant dans la salle du bal.

Elle le rejoint... la contredanse commence... il est vis-à-vis d'elle... comme il la regarde!... Il oublie que c'est à lui de danser. — Ils traversent... il lui donne la main... Mais que vois-je?... elle pâlit... la consternation se peint sur son visage? Que dis-je? sur tous les visages! Henri s'élance dans la cour, et Léonie revient éperdue...

SCÈNE V.

LA COMTESSE, LÉONIE, rentrant.

LA COMTESSE.

Qu'as-tu ? au nom du ciel, qu'as-tu ?

LÉONIE, éperdue.

Des soldats... des dragons...

LA COMTESSE.

Des soldats !

LÉONIE.

Ils entourent le château, et des gendarmes viennent d'entrer dans la cour.

LA COMTESSE.

Ciel !

LÉONIE.

Ils viennent l'arrêter.

LA COMTESSE.

C'est impossible ! venir l'arrêter chez moi, comtesse d'Autreval !... c'est impossible, te dis-je. Du calme ! du calme !

LÉONIE.

Du calme !... vous pouvez en avoir vous, ma tante... vous ne l'aimez pas !

LA COMTESSE.

Tu crois ? (A part.) Oh ! s'il est en péril, il verra bien laquelle de nous deux l'aime le plus ! (Apercevant Henri qui entre et courant à lui.)

SCÈNE VI.

LES PRÉCÉDENTS, HENRI, entrant par le fond.

LA COMTESSE, l'apercevant.

Eh bien !

HENRI, gaiement.

Eh bien !... ce sont effectivement des dragons qui me cherchent, de vrais dragons.

LA COMTESSE.

Qui vous l'a appris ?

HENRI.

L'officier lui-même, que j'ai interrogé adroitement.

LÉONIE.

Comment avez-vous osé ?...

ACTE II, SCÈNE VI.

HENRI, gaiement.

Il me semble que cela m'intéresse assez pour que je m'en informe...

LA COMTESSE.

Mais, enfin, que vous a-t-il dit?

HENRI.

Qu'il venait pour arrêter M. Henri de Flavigneul... C'est assez clair, ce me semble.

LÉONIE.

Perdu!

HENRI.

Est-ce que le malheur peut m'atteindre entre vous deux?...

LA COMTESSE.

Il dit vrai; à nous deux de le sauver!

HENRI.

Permettez! à nous trois... car je demande aussi à en être Voyons... cherchons quelque bon déguisement, bien original...

LA COMTESSE.

Toujours du roman!...

HENRI.

En connaissez-vous un plus charmant?... (A la comtesse.) Ne me grondez pas : je me mets sous vos ordres.

LA COMTESSE.

Sachons d'abord quels sont nos ennemis...

HENRI.

Oui, mon général...

LA COMTESSE.

Comment se nomme l'officier des dragons?

HENRI.

Je l'ignore, mon général, mais il est accompagné du nouveau préfet, le terrible baron de Montrichard...

LÉONIE, éperdue.

Terrible!... oh! je meurs d'épouvante!

LA COMTESSE, passant près d'elle.

Mais ne pleure donc pas ainsi, malheureuse enfant!

LÉONIE.

Je ne peux pas m'en défendre!

LA COMTESSE.

Eh! crois-tu donc que la frayeur ne m'oppresse pas comme toi? mais je pense à lui, et ma douleur même me donne du courage...

HENRI, à la comtesse qui remonte vers le fond.

Qu'elle est belle !

LÉONIE, essuyant ses yeux, mais pleurant toujours.

Oui ma tante... oui!... je vais essayer...

HENRI, à Léonie.

Qu'elle est touchante !... Ah ! mon danger, je te bénis !... (A la comtesse.) Fâchez-vous... accusez-moi... je dirai toujours .. ô mon danger je te bénis !... Sans lui, vous verrais-je toutes deux à mes côtés, me plaignant, me défendant... Ah ! vienne la sentence elle-même... je ne la regretterai pas... puisque, grâce à elle, je puis vous inspirer... (A Léonie.) à vous tant de terreur... (A la comtesse.) à vous, tant de courage !

LA COMTESSE.

Vous êtes insupportable avec vos madrigaux... pensons au baron... S'il ose venir ici, c'est qu'il sait tout... c'est qu'on nous a trahis...

HENRI, avec insouciance.

Eh ! qui donc ? est-ce que ma tête est mise à prix ? est-ce que ma capture vaut une trahison ?

LA COMTESSE.

Il y a des gens qui trahissent pour rien.

HENRI, souriant.

Il y a donc encore du désintéressement !...

LA COMTESSE.

Taisez-vous ! on vient.

SCÈNE VII.

LES PRÉCÉDENTS, UN DOMESTIQUE.

LE DOMESTIQUE.

Monsieur le baron de Montrichard, qui s'est présenté chez madame la comtesse, fait demander si elle veut bien lui faire l'honneur de le recevoir ?

LÉONIE.

Ciel !

LA COMTESSE.

Certainement, avec plaisir. (Le domestique sort.) Le baron ! et rien de décidé encore !

LÉONIE, à Henri.

Fuyez, Monsieur, fuyez.

LA COMTESSE.

Au contraire !... qu'il reste !

HENRI.

Vous avez une idée?

LA COMTESSE.

Non, pas encore! mais il faut que vous restiez! que M. de Montrichard vous voie... vous voie comme domestique. On soupçonne plus difficilement ceux qu'on a vus d'abord sans les soupçonner...

HENRI.

Comme c'est vrai!

LÉONIE.

Que vous êtes heureuse, ma tante, d'avoir tant de présence d'esprit!... comment faites-vous donc?...

LA COMTESSE, avec force.

Je meurs d'angoisse, ma fille! Allons, éloigne-toi... il faut que je sois seule avec le baron...

HENRI.

Seule?... oh! non pas!... je veux savoir ce que vous lui direz...

LA COMTESSE.

Vous... bien entendu... (A Léonie.) Va...! (Léonie sort.)

LE DOMESTIQUE, annonçant.

Monsieur le baron de Montrichard!

HENRI, à part.

C'est original!

SCÈNE VIII.

LA COMTESSE, HENRI, se tenant au fond à l'écart, MONTRICHARD.

LA COMTESSE, allant vivement à Montrichard.

Ah!... monsieur le baron... que je suis heureuse de vous voir!...

MONTRICHARD.

Je venais d'abord, Madame, vous adresser mes remerciements...

LA COMTESSE.

Pour votre préfecture? eh bien! je les mérite; vous aviez un adversaire redoutable... mais j'ai tant cabalé... tant intrigué... car vous m'avez fait faire des choses dont je rougis... que j'ai fini par l'emporter...

MONTRICHARD.

Que de grâces à vous rendre, Madame!... Et qui donc a pu me valoir un si honorable patronage?

LA COMTESSE.

Votre mérite, d'abord! oh! je vous connais de plus longue

date que vous ne le croyez..., nous avons fait la guerre l'un contre l'autre, en Vendée...

MONTRICHARD.

Et vous m'avez protégé, quoique ennemi ?

LA COMTESSE.

Mieux encore... à titre d'ennemi... Je vous conterai cela un de ces jours... car vous me restez... Charles... (Henri ne répond pas.) Charles... délivrez M. le baron de son chapeau... (Mouvement du baron.) Oh ! je le veux !... (A Henri.) Charles... allez chercher des rafraîchissements pour monsieur le baron... (Henri sort en riant.)

MONTRICHARD,

Vous me comblez...

LA COMTESSE.

Oui... je veux vous rendre la reconnaissance très-difficile !

MONTRICHARD.

Vraiment, Madame !... Eh bien ! jugez de ma joie, je crois que je viens de trouver le moyen de m'acquitter vis-à-vis de vous !

LA COMTESSE.

Vous commencez déjà... (Mouvement de surprise du baron.) en me donnant le plaisir de vous recevoir...

MONTRICHARD.

Je ferai mieux encore... je viens vous offrir à vous, Madame, qui êtes si dévouée à la bonne cause, l'occasion de rendre un signalé service à Sa Majesté !

LA COMTESSE.

Donnez-moi la main, baron ; voilà le mot d'un vrai royaliste ! et ce service, c'est...

MONTRICHARD.

De faire arrêter le chef de la grande conspiration bonapartiste...

LA COMTESSE.

Bravo !... Ce chef est donc un homme important... connu...

MONTRICHARD.

Connu ?... oui ! du moins de vous, à ce que je crois, Madame la comtesse.

LA COMTESSE, riant.

De moi !... je connais un conspirateur !... Ah ! le nom de ce traître, qui m'a trompée ?...

MONTRICHARD.

M. Henri de Flavigneul !...

LA COMTESSE, avec bonhomie.

M. de Flavigneul!... ce tout jeune homme, qui a l'air si doux... oh! je n'aurais jamais cru cela de lui!... je l'ai vu en effet quelquefois chez sa mère... mais c'en est fait! (Riant.) je dis comme le farouche Horace : Il est bonapartiste, je ne le connais plus! Je crois que je fais le vers un peu long, mais Corneille me le pardonnera... Ah! ça, mais où est-il ce M. de Flavigneul?

MONTRICHARD.

Il se cache.

LA COMTESSE.

Il se cache!

MONTRICHARD.

Dans un château...

LA COMTESSE.

Voisin?

MONTRICHARD.

Très-voisin...

LA COMTESSE.

Où vous allez le surprendre...

MONTRICHARD.

Voilà le difficile!... et il me faudrait votre aide pour cela, Madame...

LA COMTESSE.

Mon aide!...

MONTRICHARD.

Oui! Imaginez-vous que ce château appartient à une femme du plus haut rang, du plus pur royalisme... une femme d'esprit, de cœur, et de plus, ma bienfaitrice...

LA COMTESSE, ironiquement.

Comme moi?...

MONTRICHARD.

Précisément... Vous concevez mon embarras... pour lui dire d'abord, que je la soupçonne, puis, que je viens faire chez elle une invasion domiciliaire... et, ma foi, Madame, je vous l'avouerai... j'ai compté sur vous pour la prévenir.

LA COMTESSE, éclatant de rire.

Ah! la bonne folie!... Ainsi vous croyez que moi!... je recèle un conspirateur...

MONTRICHARD.

Hélas!... je ne le crois pas; j'en suis sûr!

LA COMTESSE.

Et c'est pour cela que vous avez amené tout cet attirail de dragons? que vous avez déployé ce luxe de gendarmerie?

MONTRICHARD.

Mon Dieu, oui! et je ne m'éloignerai qu'après avoir arrêté l'ennemi du roi... Il faut bien que je vous prouve ma reconnaissance, comtesse...

LA COMTESSE, changeant de ton.

Eh bien... moi, monsieur le baron, je vous prouverai comment une femme offensée se venge!

MONTRICHARD.

Vous venger...

LA COMTESSE.

D'un procédé inqualifiable... d'une sanglante injure pour une fervente royaliste comme moi... (Allant au canapé.) Veuillez vous asseoir, baron... asseyez-vous... et écoutez-moi!...

HENRI, se rapprochant pour écouter, et à part.

Qu'est-ce qu'elle va lui dire?

LA COMTESSE, à Henri.

Qu'est-ce que vous faites là?... vous écoutez, je crois... achevez donc votre service! (A Montrichard.) Vous rappelez-vous, monsieur le baron, qu'il y a, hélas!... dix-huit ans, un jeune magistrat plein de talent et de zèle, fut envoyé au château de Kermadio, pour y arrêter trois chefs vendéens?...

MONTRICHARD.

Si je me le rappelle, Madame? ce magistrat, c'était moi!

LA COMTESSE, avec moquerie.

Vous!... vous étiez alors procureur de la république, ce me semble...

MONTRICHARD.

Vous croyez?...

LA COMTESSE.

J'en suis sûre.

MONTRICHARD.

C'est possible.

LA COMTESSE.

Or donc, puisque c'était vous, monsieur le baron, vous souvenez-vous qu'une petite fille de treize ou quatorze ans?...

MONTRICHARD.

Fit évader les trois chefs vendéens à ma barbe, et avec une adresse...

LA COMTESSE.

Épargnez ma modestie, monsieur le baron; cette petite fille, c'était moi!

MONTRICHARD.

Vous?... Madame?...

LA COMTESSE.

Douze ans après, en Normandie... où vous étiez, je crois, fonctionnaire sous l'empire...

MONTRICHARD, avec embarras.

Madame!...

LA COMTESSE.

Eh! mon Dieu! qui n'a pas été fonctionnaire sous l'empire... Vous rappelez-vous ces compagnons du général Moreau qui allèrent rejoindre une frégate anglaise?...

MONTRICHARD.

Sous prétexte d'un déjeuner, d'une promenade en rade!...

LA COMTESSE.

Où je vous avais invité... Ne vous fâchez pas... vous voyez, comme je vous le disais, que nous avons déjà combattu l'un contre l'autre sur terre et sur mer... Aujourd'hui, nous voici de nouveau en présence, vous, cherchant toujours, moi, cachant encore, du moins à ce que vous croyez... Rien de changé à la situation, sinon que vous êtes aujourd'hui préfet de la royauté. Mais ce n'est là qu'un détail. Eh bien! baron, suivez mon raisonnement... ou M. de Flavigneul est ici, ou il n'y est pas!

MONTRICHARD.

Il y est, Madame!

LA COMTESSE.

A moins qu'il n'y soit pas.

MONTRICHARD.

Il y est.

LA COMTESSE.

Décidément?... Eh bien! vous savez comme je cache, cherchez?... (Elle se lève.)

MONTRICHARD. Il se lève.

Vous verrez comme je cherche... cachez!... Ah! madame la comtesse, vous me prenez pour le novice de 98, ou pour l'écolier de 1804. Mais j'étais jeune alors, je ne le suis plus!

LA COMTESSE.

Hélas!... je le suis moins!

MONTRICHARD.

L'ardent et crédule jeune homme est devenu homme!

LA COMTESSE.

Et la jeune fille est devenue femme! Ah! monsieur le baron, vous venez m'attaquer... chez moi! dans mon château! Pauvre préfet! quelle vie vous allez mener! je ris d'avance de toutes les fausses alertes que je vais vous donner. Vous serez en plein sommeil!... debout! le proscrit vient d'être aperçu dans une mansarde. Vous serez assis devant une bonne table, car vous êtes fort gourmet, je me le rappelle... à cheval! M. de Flavigneul est dans la forêt!... Allons, parcourez le château, fouillez, interrogez... et surtout de la défiance! défiez-vous de mes larmes! défiez-vous de mon sourire!... quand je parais joyeuse, pensez que je suis inquiète... à moins que je ne prévoie cette prévoyance, et que je ne veuille la déconcerter par un double calcul... ah! ah! ah!

HENRI, à part.

Par le ciel, cette femme est ravissante!

LA COMTESSE, à Henri.

Servez des rafraîchissements à monsieur le baron... Prenez prenez... des forces, baron... vous en aurez besoin... (Voyant qu'Henri rit encore et n'apporte rien.) Eh bien! que faites-vous là avec vos bras pendants et votre mine bêtement réjouie... Servez donc?... Adieu! baron... ou plutôt au revoir!... (A Montrichard en s'en allant.) car si vous devez rester ici jusqu'à capture faite... vous voilà chez moi en semestre... (Lui faisant la révérence.) ce dont je me félicite de tout mon cœur... Adieu! baron, adieu! (Elle sort par la porte du fond.)

SCÈNE IX.

HENRI, MONTRICHARD.

MONTRICHARD, se promenant pendant qu'Henri le suit en tenant un plateau de rafraîchissements.

Démon de femme! voilà le doute qui commence à me prendre... on m'a trompé peut-être... M. de Flavigneul n'est pas ici.

HENRI, le suivant.

Monsieur le baron désire-t-il?...

MONTRICHARD, se promenant toujours.

Tout à l'heure!... S'il y était... la comtesse aurait-elle ce ton insultant et railleur?

HENRI, lui offrant toujours à boire.

Monsieur le baron...

MONTRICHARD.

Tout à l'heure, vous dis-je!... (A lui-même.) Mais s'il n'y est pas... mon expédition va me couvrir de ridicule... sans compter que le crédit de la comtesse est considérable et qu'elle peut me perdre... Si je repartais?... oui, mais s'il est ici! si une heure après mon départ la comtesse fait passer la frontière à M. de Flavigneul, me voilà perdu de réputation... Ah! j'en ai la tête tout en feu!

HENRI.

Si monsieur le baron voulait des rafraîchissements?

MONTRICHARD.

Va-t'en au diable!

HENRI.

Oui, monsieur le baron.

MONTRICHARD.

Attends... Quelle idée!... oui! (A Henri.) Venez ici et regardez-moi? (Il boit. Mais après l'avoir examiné.) Vous ne me semblez pas aussi niais que vous voulez le paraître...

HENRI.

Monsieur le baron est bien bon!

MONTRICHARD.

L'air vif, l'air fin...

HENRI, à part.

Où veut-il en venir?

MONTRICHARD, après un moment de silence.

Votre maîtresse vous a bien maltraité tout à l'heure...

HENRI.

Oui, monsieur le baron.

MONTRICHARD.

Est-ce qu'elle vous soumet souvent à ce régime-là?

HENRI.

Tous les jours, monsieur le baron.

MONTRICHARD.

Et combien vous donne-t-elle de surcroît de gages pour ce supplément de mauvaise humeur?

HENRI.

Rien du tout, monsieur le baron.

MONTRICHARD.

Ainsi mal mené et mal payé? (Changeant de ton.) Mon garçon, veux-tu gagner vingt-cinq louis?

HENRI.

Moi, monsieur le baron, comment?

MONTRICHARD.

Le voici!... (Mystérieusement.) M. Henri de Flavigneul doit être caché dans ce château.

HENRI.

Ah!

MONTRICHARD.

Si tu peux me le découvrir et me le montrer... je te donne vingt-cinq louis.

HENRI, riant.

Rien que pour vous le montrer? monsieur le baron...

MONTRICHARD.

Pourquoi ris-tu?

HENRI.

C'est que c'est de l'argent gagné!

MONTRICHARD.

Est-ce que tu sais quelque chose?

HENRI.

Un peu, pas encore beaucoup, mais c'est égal!... ou je me trompe fort, ou je vous le montrerai...

MONTRICHARD.

Bravo!... tiens, voilà un louis d'avance!

HENRI.

Merci, monsieur le baron.

MONTRICHARD.

Et maintenant va-t'en, de peur qu'on ne nous soupçonne de connivence... la comtesse est si fine!...

HENRI.

Oui, monsieur le baron... (Revenant.) Monsieur le baron... si je tâchais de me faire attacher par madame à votre service, nous pourrions plus facilement nous parler...

MONTRICHARD.

Très-bien!... je vois que je ne me suis pas trompé en te choisissant.

HENRI.

Merci, monsieur le baron. (Il sort.)

SCÈNE X.

MONTRICHARD, seul.

Et d'un allié dans la place! Ce n'est pas maladroit ce que j'ai fait là,... cela vous apprendra à gronder vos gens devant moi, madame la comtesse... Mais, voyons; il n'est pas de citadelle, si forte qu'elle soit, qui n'ait un côté faible, et vous n'êtes pas ici, Madame, la seule que l'on puisse attaquer... (Tirant un portefeuille.) Quels sont les habitants de ce château?... (Lisant.) M. de Kermadio, frère de la comtesse, personnage muet; M. de Grignon... ce doit être un parent de M. de Grignon, le président de la cour prévôtale, un homme de notre bord... il pourra m'être utile... (Continuant de lire.) Ah! arrêtons-nous là... mademoiselle Léonie de Villegontier... nièce de la comtesse... et une nièce non mariée!... elle doit avoir seize ou dix-sept ans au plus... on se marie très-jeune dans notre classe... et... M. de Flavigneul... quel âge a-t-il? vingt-cinq ans, à ce que l'on dit; sa figure?... je n'ai pas encore son signalement, mais j'attends; d'ailleurs il doit être beau, un proscrit est toujours beau! donc, si M. de Flavigneul est ici, mademoiselle Léonie le sait... si elle le sait, elle doit lui porter de l'intérêt... peut-être mieux, et mon arrivée doit la faire trembler... or, à seize ans, quand on tremble, on le montre... ce n'est pas comme la comtesse! quelle femme! en vérité je crois qu'on en deviendrait amoureux si l'on avait le temps... Une jeune fille s'avance vers ce salon; la figure romanesque, le front rêveur, les yeux baissés... ce doit être elle..... Oh! si je pouvais prendre ma revanche!..... essayons!

SCÈNE XI.

MONTRICHARD, LÉONIE.

LÉONIE, l'apercevant.

Pardonnez-moi, monsieur le baron... je croyais ma tante dans ce salon, je venais...

MONTRICHARD.

Elle sort à l'instant, Mademoiselle, mais je serais bien malheureux si son absence me faisait traiter par vous en ennemi!

LÉONIE.

Moi, vous traiter en ennemi! comment, Monsieur?...

MONTRICHARD.

En vous éloignant... Mon Dieu! je conçois votre défiance...

LÉONIE.

Ma défiance?

MONTRICHARD.

Sans doute, vous croyez que je viens ici pour vous ravir quelqu'un qui vous est cher!

LÉONIE, à part.

Il veut me sonder, mais je vais être fine... (Haut.) Je ne sais pas ce que vous voulez dire, Monsieur.

MONTRICHARD.

Ce que je veux dire est bien simple, Mademoiselle. Il y a une heure, quand vous m'avez vu arriver ici... suivi d'hommes armés... vous avez dû me prendre pour votre adversaire. Je l'étais en effet, puisque je croyais M. de Flavigneul dans ce château, et que je venais pour l'arrêter... mais maintenant tout est changé!

LÉONIE.

Comment?

MONTRICHARD.

Je sais... j'ai la certitude que M. de Flavigneul n'est pas ici.

LÉONIE.

Ah!

MONTRICHARD.

Et je pars!

LÉONIE, vivement.

Tout de suite?

MONTRICHARD, souriant.

Tout de suite!... tout de suite!... Savez-vous, Mademoiselle, que votre empressement pourrait me donner des soupçons...

LÉONIE, commençant à se troubler.

Comment, Monsieur?

MONTRICHARD.

Certainement! à vous voir si heureuse de mon départ... je pourrais croire que je me suis trompé... et que M. de Flavigneul est encore ici...

LÉONIE, avec agitation.

Moi, heureuse de votre départ! au contraire, monsieur le baron; et certainement si nous pouvions vous retenir longtemps, très-longtemps...

MONTRICHARD, souriant.

Permettez, Mademoiselle, voilà que vous tombez dans l'excès contraire! Tout à l'heure, vous me renvoyiez un peu trop vite, maintenant vous voulez me garder un peu trop longtemps... ce qui, pour un homme soupçonneux, pourrait bien indiquer la même chose...

LÉONIE, avec trouble.

Je ne comprends pas... monsieur le baron.

MONTRICHARD, souriant.

Calmez-vous, Mademoiselle, calmez-vous! ce sont là de pures suppositions... car je suis certain que M. de Flavigneul n'est pas ou n'est plus dans ce château.

LÉONIE.

Et vous avez bien raison!

MONTRICHARD.

Aussi, par pure formalité, et pour acquit de conscience... (Souriant.) je ne veux pas avoir dérangé tout un escadron pour rien... (L'observant.) je vais faire fouiller les bois environnants par les dragons.

LÉONIE, tranquillement.

Faites, monsieur le baron.

MONTRICHARD, à part.

Il n'est pas dans les bois... (A Léonie.) Visiter les combles, les placards, les cheminées du château...

LÉONIE, de même.

C'est votre devoir, monsieur le baron.

MONTRICHARD, à part.

Il n'est pas caché dans le château!... (A Léonie.) Enfin, interroger, examiner, car il y a aussi les déguisements... (Léonie fait un mouvement. A part.) Elle tressaille!... (Haut.) Interroger donc, toujours par pur scrupule de conscience... les garçons de ferme... (A part.) Elle est calme! (A Léonie, et l'observant.) Les hommes de peine, les domestiques... (A part.) Elle a tremblé. (Haut.) Et enfin... ces formalités remplies, je partirai avec regret, puisque je vous quitte, mesdames, mais heureux cependant de ne pas être forcé d'accomplir ici mon pénible devoir...

LÉONIE, avec agitation.

Comment, monsieur le baron, quel devoir?

MONTRICHARD.

Mais, vous ne l'ignorez pas, M. de Flavigneul est militaire, et je devrais l'envoyer devant un conseil de guerre.

LÉONIE, éperdue.

Un conseil de guerre!... mais c'est la mort!...

MONTRICHARD.

La mort... non; mais une peine rigoureuse!

LÉONIE.

C'est la mort, vous dis-je!... vous n'osez me l'avouer! mais j'en suis certaine!... La mort pour lui! oh! Monsieur, Monsieur, je tombe à vos genoux! grâce!... il a vingt-cinq ans! il a une mère qui mourra s'il meurt! il a des amis qui ne vivent que de sa vie! grâce!... il n'est pas coupable, il n'a pas conspiré... il me l'a dit lui-même... ne le condamnez pas, Monsieur, ne le condamnez pas!...

MONTRICHARD, à Léonie.

Pauvre enfant! (A part.) Après tout, c'est mon devoir. (Haut.) Prenez garde, Mademoiselle.. vous me parlez comme s'il était en mon pouvoir!... Il est donc ici?...

LÉONIE, au comble de l'angoisse.

Ici!... je n'ai pas dit...

MONTRICHARD.

Non, mais quand j'ai parlé d'interroger les domestiques du château, vous avez pâli...

LÉONIE.

Moi!...

MONTRICHARD.

Vous vous êtes écriée : Il me l'a dit lui-même!...

LÉONIE.

Moi!...

MONTRICHARD.

A l'instant, vous me disiez : Ne l'arrêtez pas!...

LÉONIE.

Moi!... (Apercevant Henri qui entre, elle pousse un cri terrible et reste éperdue, la tête dans ses deux mains.)

HENRI, à ce cri et apercevant Montrichard, va à lui et vivement à voix basse.

Je suis sur la trace!

MONTRICHARD, bas.

Et moi aussi.

HENRI.

Il est dans le château.

MONTRICHARD.

Je viens de l'apprendre.

HENRI.

Sous un déguisement.

MONTRICHARD, bas.

Bravo! (Voyant que Léonie a relevé la tête et le regarde.) Silence!... (S'approchant de Léonie.) Je vous vois si émue, si troublée, Mademoiselle, que je craindrais que ma présence ne devînt importune... Je me retire... (A Henri, en s'éloignant.) Veille toujours, et qu'il ne sorte pas d'ici.

HENRI, bas

Il n'en sortira pas... tant que j'y serai...

MONTRICHARD.

Bien! (Montrichard sort.)

SCÈNE XII.

LÉONIE, HENRI.

HENRI, se jetant sur une chaise en riant.

Ah! ah! ah! quelle scène!

LÉONIE.

Ah! ne riez pas, Monsieur, ne riez pas!...

HENRI.

Ciel! quelle douleur sur vos traits! Qu'avez-vous donc?

LÉONIE.

Accablez-moi, monsieur Henri, maudissez-moi!..

HENRI.

Vous?...

LÉONIE.

Je suis une malheureuse sans foi et sans courage!

HENRI.

Au nom du ciel! que dites-vous?

LÉONIE.

Vous vous étiez confié à moi, vous m'avez révélé le secret d'où dépend votre vie... Eh bien, ce secret, je l'ai livré... je vous ai trahi!

HENRI.

Comment?

LÉONIE.

Devant votre juge, ici... à l'instant même!... Oh! lâche que je suis!... j'ai eu peur... (Se reprenant vivement.) peur pour vous, Monsieur!...

HENRI, surpris.

Est-il possible?...

LÉONIE, sanglotant.

Moi!... vous perdre!... moi, qui donnerais ma vie pour vous sauver!...

HENRI.

Qu'entends-je?...

LÉONIE.

Mais je ne survivrai pas à votre arrêt, je vous le jure... Aussi,

je vous supplie de ne pas m'en vouloir et de me pardonner...
(Elle se jette à genoux.)

HENRI, voulant la relever.

Léonie! au nom du ciel!...

SCÈNE XIII.

LES PRÉCÉDENTS, LA COMTESSE entrant vivement.

LA COMTESSE.

Que vois-je?... Et que fais-tu là?...

LÉONIE.

Je lui demande grâce et pardon, car c'est par moi que tout est découvert, par moi que tout est perdu!

LA COMTESSE, vivement.

Perdu!... Perdu!... non pas; je suis là, moi.

LÉONIE, avec joie.

Oh! ma tante!... sauvez-le!..

HENRI.

Ne craignez rien, M. de Montrichard m'a pris pour complice!...

LA COMTESSE, vivement.

Ne vous y fiez pas!... Un mot, un geste, une seconde suffisent pour l'éclairer; mais je suis là!...

SCÈNE XIV.

LES PRÉCÉDENTS, DE GRIGNON, puis UN BRIGADIER DE GENDARMERIE.

DE GRIGNON.

Qu'est-ce que cela signifie, le savez-vous, comtesse? qu'est-ce que tous ces bruits de conspiration, de conspirateurs déguisés?...

LA COMTESSE.

Un rêve de M. de Montrichard!

DE GRIGNON.

Un rêve? soit; mais en attendant on arrête tout le château, toute la livrée!

LÉONIE, avec frayeur.

O ciel!

LA COMTESSE, à de Grignon.

Vous en êtes sûr?...

DE GRIGNON.

Parfaitement! je viens de voir saisir votre cocher et un de vos valets de pied... Mais, tenez, voici un brigadier de gendarmerie... non, de dragons... qui vient sans doute ici avec des intentions... de gendarme...

SCÈNE XV.

LES PRÉCÉDENTS, UN BRIGADIER DE GENDARMERIE.

LE BRIGADIER, à Henri.

Ah! c'est vous que je cherche, Monsieur.

HENRI.

Moi?

LE BRIGADIER.

Veuillez me suivre...

HENRI, au brigadier.

Il y a erreur, Monsieur, je suis attaché au service particulier de M. le préfet.

LE BRIGADIER.

Il n'y a pas erreur; mes ordres sont précis, veuillez me suivre!...

LA COMTESSE, bas, à Henri.

N'avouez rien, je réponds de tout... (Haut.) Allez donc, Charles, allez, obéissez.

HENRI.

Oui, Madame. (Il va prendre son chapeau sur la cheminée.)

LA COMTESSE, bas, à de Grignon.

Ici, dans un quart d'heure, il faut que je vous parle, à vous seul.

DE GRIGNON.

Moi?

LA COMTESSE.

Silence! (Elle se dirige à gauche, vers Léonie.)

DE GRIGNON, à part.

Un rendez-vous? De mieux en mieux!

LÉONIE, à part.

Et c'est moi qui le perds!

HENRI, au brigadier.

Je vous suis.

LA COMTESSE, à part.

Perdu par elle! sauvé par moi! (Elle sort à gauche, avec Léonie; Henri et le brigadier, par le fond; de Grignon, par la droite.)

ACTE III.

SCÈNE PREMIÈRE.

LA COMTESSE, LÉONIE, entrant chacune d'un côté opposé.

LA COMTESSE, à Léonie.

Eh bien! quelles nouvelles?

LÉONIE.

J'ai exécuté toutes vos instructions sans trop les comprendre.

LA COMTESSE.

Cela n'est pas nécessaire... La livrée de George, mon valet de pied...

LÉONIE.

Je l'ai fait porter, comme vous me l'aviez dit, (Montrant l'appartement à gauche.) là, dans cet appartement; mais M. de Montrichard..

LA COMTESSE.

Il a appelé tour à tour devant lui tous les domestiques de la maison, les renvoyant après les avoir interrogés.

LÉONIE.

Et M. Henri?

LA COMTESSE.

Il l'a toujours gardé auprès de lui.

LÉONIE, effrayée.

C'est mauvais signe.

LA COMTESSE.

Peut-être!

LÉONIE.

Signe de soupçon...

LA COMTESSE.

Ou de confiance! car Tony, notre petit groom, qui écoute toujours, a entendu, en plaçant sur la table des plumes et de l'encre qu'on lui avait demandées...

LÉONIE.

Il a entendu...

LA COMTESSE.

Henri disant à voix basse au préfet : « Ne vous découragez
« pas; je vous assure qu'il est ici, et qu'on veut le faire évader
« sous le costume d'un des gens de la maison. »

LÉONIE.

Quelle audace!... Cela me fait trembler...

LA COMTESSE.

Et moi, cela me rassure!... On peut mettre cette idée à
profit; mais il faut se hâter... Henri est si imprudent!... il
finira par se trahir!...

LÉONIE.

Et vous voulez le faire évader?

LA COMTESSE.

Le faire évader?... Enfant!... où sont les troupes ennemies?

LÉONIE.

Une douzaine de gendarmes dans la cour du château.

LA COMTESSE.

Bien.

LÉONIE.

Une trentaine de dragons en dehors, autour des fossés et
devant la grande porte.

LA COMTESSE.

Très-bien.

LÉONIE.

Par exemple, ils ont oublié de garder la porte des écuries et
remises qui donnent sur la campagne.

LA COMTESSE, souriant.

Tu crois!... Je reconnais bien là M. de Montrichard...

LÉONIE.

Vous en doutez... ma tante? (La conduisant vers la porte à gauche qui es'
restée ouverte.) Par la croisée de cette chambre qui donne sur la
grande route, regardez... pas un seul soldat!

LA COMTESSE.

Non! mais à vingt pas plus loin, ne vois-tu pas le bouquet
de bois?... Il doit y avoir là une embuscade.

LÉONIE.

Comment supposer... (Poussant un cri.) Ah ! mon Dieu! j'ai vu au-
dessus d'un buisson le chapeau galonné d'un gendarme...

LA COMTESSE.

Quand je te le disais...

LÉONIE.

Ah! je comprends!... on voulait l'engager à fuir de ce côté...

LA COMTESSE.

Pour mieux le saisir... précisément... Merci, monsieur le baron; le moyen est bon, et il pourra nous servir!

LÉONIE.

Comment?

LA COMTESSE.

Fie-toi à moi... J'entends M. de Grignon... va dire à Jean, le palefrenier, de mettre les chevaux à la calèche...

LÉONIE.

Mais, ma tante...

LA COMTESSE.

Va, ma fille, va! (Léonie sort par la porte de gauche.)

SCÈNE II.

LA COMTESSE, DE GRIGNON, entrant mystérieusement sur la pointe des pieds.

DE GRIGNON.

Me voici, Madame, fidèle au rendez-vous que vous m'avez donné!... (Il va prendre une chaise.)

LA COMTESSE, avec amabilité.

Je vous attendais...

DE GRIGNON, avec joie.

Vous m'attendiez!...

LA COMTESSE.

Et tout en vous attendant, je rêvais...

DE GRIGNON.

A qui?

LA COMTESSE.

A vous!...?

DE GRIGNON.

Est-il possible!...

LA COMTESSE.

Oui, à ce caractère chevaleresque, à ce besoin de danger qui vous tourmente...

DE GRIGNON.

J'en conviens!

LA COMTESSE.

Et comme rien n'est plus contagieux que l'imagination, et que, grâce au baron de Montrichard, j'ai l'esprit tout plein de conspirateurs et d'arrestations, j'étais là à faire des châteaux en Espagne... de catastrophes... je me figurais un pauvre proscrit condamné à mort.

DE GRIGNON.

Et vous étiez le proscrit.

LA COMTESSE.

Non, au contraire, c'est à moi qu'il venait demander asile.

DE GRIGNON.

C'est bien aussi...

LA COMTESSE.

Il m'apprenait qu'il avait une mère, une sœur...

DE GRIGNON.

Comme c'est vrai !

LA COMTESSE.

Et soudain voilà des soldats qui entourent le château en m'ordonnant de leur livrer mon hôte...

DE GRIGNON, se levant.

Le livrer... jamais !

LA COMTESSE.

Comme nous nous entendons !... Ils me menaçaient presque de la mort !...

DE GRIGNON.

Qu'importe la mort ! surtout si celle que l'on aime est là pour vous encourager, pour vous bénir... Ah ! comtesse, quand je fais de tels rêves, avec vous pour témoin, mon cœur bat, ma tête s'exalte...

LA COMTESSE, souriant.

Peut-être parce que c'est un rêve !...

DE GRIGNON.

Quoi ! vous doutez qu'en réalité... Mais que faut-il donc pour vous convaincre ? Ce matin, j'ai failli, pour vous, me jeter au milieu des flammes... ce soir, je voudrais vous voir dans un péril mortel pour vous en arracher ou le partager avec vous...

LA COMTESSE.

Quelle chaleur !...

DE GRIGNON.

Ah ! vous ne le connaissez pas ce cœur qui vous adore, vous ne savez pas de quel sacrifice, de quel dévouement l'amour le rendrait capable... Oui... je n'adresse au ciel qu'une prière, c'est qu'il m'envoie une occasion de mourir pour vous !

LA COMTESSE.
Eh bien! le ciel vous a entendu.
DE GRIGNON.
Comment?
LA COMTESSE.
Cette occasion que vous imploriez, il vous l'envoie!
DE GRIGNON.
Hein?
LA COMTESSE.
Charles, mon valet de chambre, que vous avez vu arrêter, n'est pas Charles : c'est M. Henri de Flavigneul.
DE GRIGNON.
Quoi!...
LA COMTESSE.
M. Henri de Flavigneul, condamné à mort comme conspirateur.
DE GRIGNON.
Ciel!
LA COMTESSE.
Et vous pouvez le sauver!...
DE GRIGNON.
Comment?...
LA COMTESSE.
En vous mettant à sa place.
DE GRIGNON.
Pour être fusillé!...
LA COMTESSE.
Non!... cela n'ira pas jusque-là; mais, pendant quelques instants seulement, il faut consentir à passer pour lui, à vous faire arrêter pour lui...
DE GRIGNON.
Ah! permettez, Madame, permettez... j'ai dit tout pour vous!... Mais pour un inconnu... pour un étranger...
LA COMTESSE.
Pour un proscrit!...
DE GRIGNON.
J'entends bien!
LA COMTESSE.
Dont je suis la complice... dont je dois défendre les jours au péril des miens, et vous hésitez?...

ACTE III, SCÈNE II.

DE GRIGNON.

Du tout! du tout! Vous comprenez bien que si je tremble... car je tremble... c'est pour vous... rien que pour vous... car pour moi... cela m'est bien indifférent...

LA COMTESSE.

Je le savais bien... aussi je compte sur votre héroïsme... et moi ! je tâcherai qu'il soit sans péril !

DE GRIGNON.

Sans péril !

LA COMTESSE.

Je crois pouvoir en répondre.

DE GRIGNON.

Sans péril!... (Avec enthousiasme.) Mais je veux qu'il y en ait... moi!... je veux le braver pour vous!... Parlez, que faut-il faire?

LA COMTESSE.

Prendre un habit de livrée qui est là.

DE GRIGNON, avec intrépidité.

Je le ferai !... Après?

LA COMTESSE.

Monter sur le siége de ma calèche au lieu de mon cocher.

DE GRIGNON.

J'y monterai !... Après?

LA COMTESSE.

Prendre les guides et me conduire...

DE GRIGNON.

Je vous conduirai !.. Après?

LA COMTESSE.

Jusqu'à deux cents pas d'ici... où des gendarmes se jetteront sur nous...

DE GRIGNON, avec un commencement d'effroi.

Des gendarmes !

LA COMTESSE.

Et vous arrêteront.

DE GRIGNON, avec peur.

Moi, de Grignon !...

LA COMTESSE.

Non pas, vous, de Grignon... mais vous, Henri de Flavigneul... et quoi qu'on vous dise, quoi qu'on vous fasse...

DE GRIGNON.

Quoi qu'on me fasse...

LA COMTESSE.

Vous avouerez; vous soutiendrez que vous êtes Henri de Flavigneul... On vous emprisonnera...

DE GRIGNON.

Moi... de Grignon...

LA COMTESSE.

Vous, de Flavigneul... et pendant ce temps le véritable Flavigneul passera la frontière... et sauvé par vous, par votre héroïsme...

DE GRIGNON.

Et moi, pendant ce temps-là ?

LA COMTESSE.

Vous ! en prison... je vous l'ai dit.

DE GRIGNON.

En prison! (A part.) Des fers... des cachots... (Haut.) Permettez...

LA COMTESSE.

Je vous expliquerai... On vient... vite, vite, la livrée est là.

DE GRIGNON.

Oui, Madame... je vais...

LA COMTESSE.

Eh bien; où allez-vous ?

DE GRIGNON.

Je vais prendre la livrée...

LA COMTESSE.

Ce n'est pas de ce côté !...

DE GRIGNON.

C'est juste... c'est le salon !...

LA COMTESSE.

C'est par ici!

DE GRIGNON.

C'est vrai!... Je n'y vois plus !...

LA COMTESSE.

Attendez...

DE GRIGNON.

Quoi donc !

LA COMTESSE.

Prenez cette lettre.

DE GRIGNON.

Pourquoi ?

LA COMTESSE.

Pour la mettre dans votre habit.

DE GRIGNON.
L'habit de livrée!...
LA COMTESSE.
Précisément.
DE GRIGNON.
Dans quel but?...
LA COMTESSE.
Vous le saurez!... allez toujours!...
DE GRIGNON.
Oui, Madame!
LA COMTESSE.
Et au premier coup de sonnette...
DE GRIGNON.
Oui, Madame!
LA COMTESSE.
Soyez prêt à paraître.
DE GRIGNON.
En livrée?
LA COMTESSE.
Sans doute!... On vient... allez donc... allez vite!...
DE GRIGNON, sortant par la gauche.
Oui... Madame! Ah! mon père! ma mère! où m'avez-vous poussé!...

SCÈNE III.
LA COMTESSE, LÉONIE.
LÉONIE.
Ma tante, ma tante... M. de Montrichard monte pour vous parler!
LA COMTESSE.
Déjà?... Pourvu qu'Henri ne se soit pas trahi encore...
LÉONIE.
Voici le baron.
LA COMTESSE, lui montrant la table.
Là, comme moi, à ton ouvrage.

SCÈNE IV.
MONTRICHARD, LA COMTESSE ET LÉONIE, assises à droite et travaillant.
MONTRICHARD, parlant en dehors à un dragon.
Continuez vos recherches; mais suivez surtout le domestique qui était avec moi...

LÉONIE, bas à la comtesse.

Entendez-vous? il soupçonne M. Henri...

LA COMTESSE, avec trouble.

C'est vrai! (Se remettant.) Allons, du sang-froid!

LE BARON, s'approchant de la comtesse et de Léonie et les saluant.

Mesdames...

LA COMTESSE.

Ah! c'est vous, baron? vous venez vous reposer auprès de nous de vos fatigues; vous devez en avoir besoin... Léonie... un 'auteuil à M. le baron...

MONTRICHARD, prenant lui-même un siége.

Ne prenez pas cette peine, Mademoiselle.

LA COMTESSE, gaiement.

Eh bien, où en êtes-vous de vos recherches? Avez-vous fait déjà enfoncer bien des armoires dans le château? Avez-vous bien fouillé... interrogé?... Mais à propos d'interrogatoire, comment appelez-vous cet examen de conscience que vous avez fait subir à ma nièce?...

MONTRICHARD.

Mademoiselle ne m'a appris que ce que je savais déjà, que M. de Flavigneul est caché ici sous un déguisement.

LA COMTESSE.

Voyez-vous cela... un déguisement de femme peut-être... C'est peut-être ma nièce ou moi?

MONTRICHARD.

Riez, riez... madame la comtesse, mais vous ne me donnerez pas le change...

LA COMTESSE.

Je m'en garderais bien!... Savez-vous que vous avez fait là une belle trouvaille? Ah çà! comment allez-vous faire maintenant pour découvrir le coupable parmi les vingt-cinq ou trente personnes du château...

MONTRICHARD.

Le cercle se resserre, madame la comtesse; et si mes soupçons ne me trompent pas, d'ici à peu de temps...

LÉONIE, bas à la comtesse.

Il sait tout, ma tante!... (La comtesse lui prend la main pour la faire taire.)

MONTRICHARD, continuant.

Dès que j'aurai un signalement que j'attends...

LÉONIE, bas.

Ciel!

MONTRICHARD.

Je pourrai, j'espère, ne plus vous importuner de ma présence.

LA COMTESSE.

Ne vous gênez pas, baron; et si vos soupçons se trompent... ce qui leur arrive quelquefois... veuillez vous installer ici sans façon, sans cérémonie, comme chez vous...

MONTRICHARD.

Moi!...

LA COMTESSE.

Certainement : et pour vous laisser toute liberté dans vos recherches, je vous demanderai la permission d'aller passer quelques jours à la ville, où des affaires m'appellent.

LÉONIE, étonnée.

Vous, ma tante!..!

LA COMTESSE.

Tais-toi donc!...

MONTRICHARD, à part.

Ah! elle veut s'éloigner... (Haut.) Vous partez?

LA COMTESSE.

Oui, vraiment; et à moins que je ne sois prisonnière dans mon propre château... et que M. le préfet ne me permette pas d'en sortir... (Tout le monde se lève.)

MONTRICHARD.

Quelle pensée, Madame!... C'est à moi d'obéir, à vous de commander!

LA COMTESSE.

Vous êtes trop bon. J'avais d'avance usé de la permission en demandant mes chevaux... Sont-ils attelés?

LÉONIE.

Oui, ma tante.

LA COMTESSE, sonnant.

Eh bien!... pourquoi ne vient-on pas m'avertir?... (Elle sonne toujours.)

SCÈNE V.

Les précédents, DE GRIGNON, en grande livrée, sortant de la porte à gauche.

DE GRIGNON.

La voiture de madame la comtesse est avancée.

LA COMTESSE.

C'est bien.... Appelez ma femme de chambre, et partons!

MONTRICHARD.

Permettez... permettez, Madame... (A de Grignon.) Restez... Approchez... appprochez... J'ai interrogé tout à l'heure votre valet de pied...

LA COMTESSE.

En vérité !

MONTRICHARD.

Et il me semble que ce n'était pas celui-là.

LA COMTESSE.

J'en ai deux, monsieur le baron.

MONTRICHARD.

Deux ! Ah ! mais Monsieur est-il bien sûr d'avoir toujours porté la livrée ?

LÉONIE, vivement, à Montrichard.

Oh ! certainement.

DE GRIGNON, bas, à la comtesse

Il m'a déjà vu ce matin en bourgeois.

LA COMTESSE, bas.

Tant mieux !

MONTRICHARD.

Ce doit être un domestique nouveau... très-nouveau...

LA COMTESSE, avec embarras.

Qui peut vous le faire croire ?

MONTRICHARD.

Un vague souvenir que j'ai, de l'avoir aperçu sous un autre costume.

LA COMTESSE.

En effet, il me sert quelquefois comme valet de chambre.

MONTRICHARD.

Ah !... expliquez-moi donc alors certains signes que je crois remarquer et qui m'étonnent... son trouble...

LÉONIE.

Du tout !...

DE GRIGNON, à part.

Dieu ! que j'ai peur d'avoir peur !

MONTRICHARD.

Une certaine noblesse de traits... n'est-il pas vrai, Mademoiselle ?...

DE GRIGNON, à part.

Je me trahis moi-même... Je dois avoir l'air si noble en domestique.

LA COMTESSE.

Je vous assure, monsieur le baron...

LÉONIE.

Oh! oui, nous vous assurons...

MONTRICHARD.

Alors, c'est différent; et puisque vous m'assurez toutes deux que ce garçon est votre valet de pied... je ne l'interrogerai pas... non... je l'arrête... (Il remonte au fond.)

DE GRIGNON, bas.

Ah! comtesse...

LA COMTESSE, bas.

Tout va bien! nous sommes sauvés. La lettre... tirez la lettre de votre poche...

DE GRIGNON, bas.

Comment?

LA COMTESSE, bas.

Et, rendez-la-moi.

MONTRICHARD, à la comtesse.

Eh bien!... (Redescendant.) que dites-vous de mon idée?

LA COMTESSE, avec un embarras feint.

Je dis, je dis, monsieur le baron que c'est pousser assez loin la raillerie... et que vous ne me priverez pas d'un serviteur qui m'est utile...

MONTRICHARD.

C'est que j'ai dans la pensée qu'il peut m'être fort utile aussi...

LA COMTESSE, se rapprochant de de Grignon.

Vous ne le ferez pas!

MONTRICHARD.

Pourquoi donc?

LA COMTESSE, avec un embarras croissant et se rapprochant toujours de de Grignon.

Parce que... parce que... (Bas à de Grignon.) La lettre... (Haut.) Parce que... cet homme est chez moi... est à moi... que j'en réponds... (Bas, à de Grignon.) La lettre, ou vous êtes perdu! (De Grignon tire la lettre de son habit et va pour la lui remettre.)

MONTRICHARD, qui a tout suivi des yeux, s'approchant vivement.

Ce papier! je vous ordonne de me remettre ce papier, Monsieur...

LA COMTESSE, avec l'accent le plus troublé, à de Grignon.

Je vous le défends!

MONTRICHARD, vivement.

Toute résistance serait inutile... Monsieur... ce papier...

DE GRIGNON.

Le voici, Monsieur.

LA COMTESSE, se cachant la tête dans les deux mains.

Le malheureux, il est perdu!

DE GRIGNON, à part.

J'aimerais mieux être ailleurs!

MONTRICHARD, lisant l'adresse, puis le commencement de la lettre.

« A Monsieur Henri de Flavigneul! Mon cher fils... » (Il s'arrête, cesse de lire, remet la lettre à de Grignon. Avec solennité.) « Monsieur Henri « de Flavigneul, au nom du roi et de la loi, je vous arrête. » (Il remonte au fond.)

LÉONIE, qui a tout suivi, poussant un cri de joie.

Ah!... quel bonheur!

LA COMTESSE, bas, à Léonie.

Pleure donc!...

MONTRICHARD, au dragon.

Emparez-vous de Monsieur.

LA COMTESSE.

Monsieur le baron, je vous en supplie...

MONTRICHARD.

Je ne connais que mon devoir, Madame. (Au dragon.) Conduisez Monsieur dans la pièce voisine... constatez son identité, sa déclaration suffira, et après, vous connaissez mes instructions... (Le dragon fait signe que oui.)

DE GRIGNON.

Que voulez-vous dire?

MONTRICHARD, à de Grignon.

Adieu, brave et malheureux jeune homme, croyez que vous emportez mon estime... et mes regrets...

DE GRIGNON.

Permettez... Monsieur... permettez!...

MONTRICHARD, au dragon.

Emmenez-le...

DE GRIGNON.

Où donc? (La comtesse lui serre la main, et il sort sans rien dire.)

MONTRICHARD, à la comtesse, qui a son mouchoir sur les yeux.

Pardonnez, Madame, à mon importunité, mais mon premier devoir est d'avertir M. le maréchal d'un événement de cette importance. Où trouverai-je ce qui est nécessaire pour écrire?

LA COMTESSE.

Dans cette chambre. (Montrant la porte à gauche.) Ma nièce va vous le donner, Monsieur.

LÉONIE, voyant Henri entrer par cette porte.

Ciel! M. Henri!

MONTRICHARD, remonte le théâtre de quelques pas et se trouve à côté de lui. Bas.

Tu m'avais dit vrai, il était ici... déguisé; mais malgré son déguisement, je l'ai découvert. (Lui prenant la main.) Je le tiens!

HENRI, résolument.

Eh bien! Monsieur?

MONTRICHARD.

Silence! voilà tes vingt-cinq louis! (Il lui glisse dans la main une bourse et sort en passant devant Léonie, qui ne veut passer qu'après lui.)

HENRI, stupéfait, avec la bourse dans la main.

Qu'est-ce que cela signtfie?

LÉONIE, vivement.

Que je suis au comble du bonheur, car vous êtes sauvé!

HENRI.

Sauvé!...

LÉONIE.

Grâce à ma tante... adieu! (Elle s'élance dans l'appartement, sur les pas de Montrichard.)

SCÈNE VI.

HENRI, LA COMTESSE.

HENRI, jetant la bourse sur la table.

Sauvé!... sauvé par vous!

LA COMTESSE.

Pas encore!... J'ai détourné les soupçons du baron... il croit tenir le coupable... mais tant que vous serez dans le château, tant que vous n'aurez pas traversé la frontière... je craindrai toujours...

HENRI.

Et moi, je ne crains plus rien... grâce à celle dont l'esprit, dont l'adresse...

LA COMTESSE.

De l'esprit, de l'adresse! il n'y a là que du cœur, cher Henri : c'est parce que je souffrais... c'est parce que tout mon sang était glacé dans mes veines, que j'ai trouvé la force de veiller sur vous! Vous croyez donc, ingrat (car vous êtes un ingrat!...) de l'esprit! de l'adresse! grand Dieu!... vous croyez donc que la pitié, que l'affection pour un malheureux, consistent à perdre la tête au moment de son danger, à le trahir par son émotion même, comme font les enfants... Non, Henri, la vraie tendresse, la tendresse profonde, c'est de rire en face de ce péril, c'est de railler avec la mort dans le cœur ; seulement, quand le danger s'éloigne, le courage s'épuise, la force vous abandonne... (Fondant en larmes.) Oh! si vous aviez été arrêté, j'en serais morte!

HENRI.

Chaque jour, chaque instant me révèlera donc en vous une qualité nouvelle... Je cherche en vain dans mon cœur quelques paroles qui vous disent tout ce que j'éprouve... Vous qui pouvez tout... vous qui savez tout... ange, fée, enchanteresse, enseignez-moi donc le moyen de vous payer de tout ce que je vous dois!

LA COMTESSE.

Vous ne me devez rien.

HENRI.

De tout ce que je vous ai fait souffrir!

LA COMTESSSE, avec un grand trouble.

Avant de répondre, Henri... je dois vous faire une demande... ces paroles si tendres, que vient de prononcer votre bouche... sortent-elles bien du fond de votre cœur?

HENRI.

Ah! vous m'outragez! Quelle preuve!

LA COMTESSE.

Eh bien! c'est...

HENRI.

Parlez... c'est...

LA COMTESSE.

Eh bien! mon ami... c'est de m'aimer... car je vous aime!... Silence... on vient.

SCÈNE VII.

Les précédents, MONTRICHARD, une lettre à la main, sortant de la chambre où il vient d'entrer, LÉONIE.

MONTRICHARD.

Merci, Mademoiselle. Voici, grâce à vous, mon courrier terminé.

LA COMTESSE, à part.

Oh! si je pouvais le faire sortir maintenant!

MONTRICHARD, s'approchant de la comtesse.

Pardonnez-moi ma victoire, Madame...

LA COMTESSE.

Ni votre victoire, monsieur le baron, ni votre manière de vaincre!... Ah! est-ce là le prix que je devais attendre du service que je vous ai rendu?

MONTRICHARD.

Le devoir passe avant la reconnaissance, Madame.

LA COMTESSE.

Votre devoir vous commandait-il d'employer la ruse, la trahison?...

MONTRICHARD.

Madame!...

LA COMTESSE.

Je le répète... la trahison!... Vous aurez soudoyé quelque conscience, acheté quelqu'un de mes gens... osez-le nier!... Mais j'y pense!... oui... (Regardant Henri.) Vos regards d'intelligence avec ce garçon... les entretiens mystérieux que vous aviez ensemble!... c'est lui! (Se tournant vers Henri.) Ah! misérable serviteur... c'est donc vous qui m'avez trahi?...

HENRI.

Moi, Madame?...

LA COMTESSE.

Oui, vous!... je le vois à votre trouble... à l'embarras du baron... Je vous renvoie, je vous chasse, sortez! (D'un air sévère et étouffant un sourire.) Sortez!

MONTRICHARD.

Mais...

LA COMTESSE.

Il ne restera pas une minute de plus à mon service.

MONTRICHARD.

Et moi, je le prends au mien!

LA COMTESSE.

Vous ne le ferez pas, Monsieur!

MONTRICHARD.

Si vraiment, madame la comtesse... (A Henri.) Allons, mon garçon, à cheval, et au galop jusqu'à Saint-Andéol!

LÉONIE.

Ciel!

MONTRICHARD, lui remettant une lettre.

Cette lettre est pour M. le maréchal commandant la division.

HENRI.

Mais, monsieur le préfet, je n'ai pas de cheval.

MONTRICHARD.

Prends le mien.

HENRI.

Mais, monsieur le préfet, les soldats ne me laisseront pas passer.

MONTRICHARD.

Je vais en donner l'ordre.

HENRI, bas, à la comtesse, pendant que M. de Montrichard remonte vers la porte pour donner aux dragons l'ordre de laisser sortir Henri.

Je vous dois ma vie, disposez-en !

MONTRICHARD, à Henri.

Allons, allons, pars.

HENRI.

Dans une heure, monsieur le préfet, je serai à mon poste.
(Il sort. Montrichard remonte le théâtre avec Henri, en lui donnant ses dernières recommandations.)

SCÈNE VIII.

LES PRÉCÉDENTS, excepté HENRI.

MONTRICHARD, aux dragons du fond.

Et vous autres, amenez le prisonnier.

LA COMTESSE, à part.

C'est trop tôt. (Haut.) Monsieur le baron, de grâce...

MONTRICHARD.

Je ne suis, vous le savez, ni cruel, ni ami des condamnations, si l'on m'eût écouté, on eût accordé l'amnistie que je demandais.

LA COMTESSE.

Je le sais, eh bien ?

MONTRICHARD.

Eh bien! ce jeune homme m'intéresse!... il est votre ami, et je veux tenter de le sauver.

LÉONIE.

De le sauver ?

LA COMTESSE.

Comment cela ?...

MONTRICHARD.

Cela dépendra de lui... je vais lui parler.

LA COMTESSE, avec embarras.

Si vous attendiez?... une heure?... une demi-heure... pour le laisser se remettre d'un premier moment de trouble?

MONTRICHARD.

Soyez tranquille... dans un instant nous serons d'accord, je l'espère, et avant dix minutes... je saurai sans doute de lui... tout ce que j'ai besoin de savoir...

LÉONIE, à part.

Dix minutes, c'est à peine s'il sera parti!

MONTRICHARD, voyant entrer de Grignon avec le dragon.

Il va venir; veuillez, Mesdames, vous éloigner.

LA COMTESSE.

Un moment encore.

MONTRICHARD, sévèrement.

C'est mon devoir, comtesse...

LA COMTESSE, s'éloignant avec Léonie.

Oh! mon Dieu, que faire?

LÉONIE.

Que craignez-vous donc, ma tante?

LA COMTESSE.

Si M. de Grignon faiblit...

LÉONIE.

N'a-t-il pas du courage?

LA COMTESSE.

Un courage qui n'a pas de patience et qui ne dure pas longtemps. (Elles sortent par la porte à droite. Le dragon s'éloigne après avoir remis un papier à Montrichard; la comtesse et Léonie sortent en faisant des gestes à de Grignon.)

SCÈNE IX.

MONTRICHARD, DE GRIGNON.

MONTRICHARD.

Pauvre jeune homme!... heureusement son salut dépend encore de lui.

DE GRIGNON, à part.

Je ne suis point à mon aise.

MONTRICHARD, à de Grignon.

Approchez, Monsieur.

DE GRIGNON.

Vous désirez me parler, monsieur le baron.

MONTRICHARD, de même.

Oui, Monsieur, encore une fois avant le moment fatal.

DE GRIGNON, à part.

Quel moment!

MONTRICHARD, lui montrant le papier que lui a remis le dragon.

Vous avez reconnu que vous étiez M. Henri de Flavigneul?

DE GRIGNON, avec un soupir.

Oui!

MONTRICHARD.

Ex-officier au service de l'empereur?

DE GRIGNON.

Oui!

MONTRICHARD.

Et c'est bien vous qui avez signé cette déclaration?

DE GRIGNON, que la peur reprend.

Oui!

MONTRICHARD.

Il suffit : je n'ai pas besoin de vous dire, Monsieur, que vous pouvez compter sur les égards, les prérogatives dus à un brave.

DE GRIGNON.

Des prérogatives?...

MONTRICHARD.

Oui... Si vous ne voulez pas qu'on vous bande les yeux, si même vous voulez commander le feu... Soyez sûr...

DE GRIGNON.

Commander le feu!... qu'est-ce que cela veut dire?

MONTRICHARD.

Que malheureusement mes ordres sont formels. Vous avez été déjà jugé et condamné, l'arrêt est prononcé! il ne me reste plus qu'à l'exécuter ! (Gravement.) Une heure après leur arrestation, tous les chefs doivent être fusillés sans délai et sans bruit.

DE GRIGNON, hors de lui.

Sans bruit!... oh! non pas!... j'en ferai du bruit... moi!... on ne fusille pas ainsi les gens... sans bruit est charmant!

MONTRICHARD.

Écoutez-moi, Monsieur...

DE GRIGNON.

Sans bruit!...

MONTRICHARD.

Je dois ajouter, et c'est là l'objet de notre entrevue... qu'il est un moyen de salut.

DE GRIGNON.

Lequel?

MONTRICHARD.

Mais peut-être ne voudrez-vous pas l'adopter.

DE GRIGNON, vivement.

Et pourquoi donc... et pourquoi pas, Monsieur... (A part.) Sans bruit!...

MONTRICHARD.

Il a été décidé qu'on accorderait leur grâce à tous ceux qui feraient des déclarations... et si vous en avez quelqu'une à me confier...

DE GRIGNON, vivement.

Moi!... certainement... et une très-importante...

MONTRICHARD, avec joie.

Est-il possible!

DE GRIGNON.

Je vous en réponds, une qui est décisive et catégorique.

MONTRICHARD.

C'est...

DE GRIGNON.

C'est... que je ne suis pas... (S'arrêtant.) Ciel!... la comtesse!...

SCÈNE X.

Les précédents, LA COMTESSE.

LA COMTESSE, entrant vivement par la droite et s'adressant à Montrichard.

Eh bien, Monsieur.... je suis d'une inquiétude...

MONTRICHARD.

Rassurez-vous!... J'en étais sûr... M. Flavigneul, qui peut se sauver d'un mot... est prêt à nous révéler...

LA COMTESSE, avec effroi, se tournant vers de Grignon.

Quoi?... qu'est-ce donc?... qu'avez-vous à révéler?...

DE GRIGNON, vivement.

Moi!... rien!... absolument rien! (A part.) Quand elle est là, je n'ose plus avoir peur.

MONTRICHARD.

Mais vous vouliez tout à l'heure me déclarer...

DE GRIGNON, fièrement.

Que je n'avais rien à vous dire.

LA COMTESSE, lui serrant la main et à part.

Bravo...

MONTRICHARD, à la comtesse.

Mais dites-lui donc, Madame, dites-lui vous-même, qu'il se perd de gaieté de cœur...

LA COMTESSE, bas, à Montrichard.

Vous avez raison... laissez-moi quelques instants avec lui... et je le déciderai... moi!...

DE GRIGNON, à part et la regardant.

Quand je la regarde, il me semble que l'âme de ma mère rentre en moi!...

LA COMTESSE, à Montrichard, regardant toujours de Grignon.

Oui... oui... j'ai de l'ascendant sur son esprit, il ne me résistera pas!

MONTRICHARD.

Soit... mais hâtez-vous! je ne puis vous donner que jusqu'à l'arrivée du président de la cour prévôtale... que nous attendons.

LA COMTESSE.

Et pourquoi?

MONTRICHARD, à demi-voix.

Dispensez-moi de vous le dire!

LA COMTESSE.

Pourquoi?

MONTRICHARD, à voix basse.

Sa présence est nécessaire pour constater que le jugement a été bien et dûment...

LA COMTESSE, lui serrant la main.

Silence!

MONTRICHARD.

Vous comprenez?...

LA COMTESSE.

Très-bien!

MONTRICHARD, à de Grignon.

Je vous laisse avec Madame; elle aura sur vous, je l'espère, plus de pouvoir que moi. Écoutez la voix d'une amie. (Montrichard sort par le fond, et l'on voit des dragons en sentinelle auxquels il donne des ordres.)

SCÈNE XI.

LA COMTESSE, DE GRIGNON.

LA COMTESSE, à part, regardant de Grignon avec intérêt.

Pauvre garçon !... cela m'a effrayée, comme si réellement...

DE GRIGNON.

Jamais ses yeux ne se sont portés sur moi avec autant d'amitié, et si ce n'étaient ces drag ns qui sont là au fond... (La comtesse s'approche de de Grignon, et l'entretien s'engage à voix basse.)

LA COMTESSE.

Ah ! merci, mon ami, merci !

DE GRIGNON.

Vous êtes donc contente de moi?

LA COMTESSE.

Oui, et je ne vous demande plus que quelques instants de courage et de fermeté.

DE GRIGNON.

De la fermeté?... j'en ai, vous êtes là!... mais, ma foi, vous avez bien fait d'arriver.

LA COMTESSE.

Vous vous impatientiez un peu?

DE GRIGNON.

M'impatienter !... je mourais de... (Avec abandon.) Écoutez, il faut que mon cœur s'ouvre devant vous... le mensonge me pèse... je ne suis pas ce que j'ai voulu paraître à vos yeux.

LA COMTESSE.

Comment?

DE GRIGNON.

Je ne suis pas un héros... au contraire; quand je dis au contraire... ce n'est pas tout à fait juste, car il y a une moitié de moi, une moitié courageuse qui... je vous expliquerai cela plus tard... tant y a-t-il que quand M. de Montrichard m'a parlé d'être fusillé sans bruit... dans une heure... la peur m'a pris...

LA COMTESSE.

On aurait peur à moins.

DE GRIGNON.

Et j'ouvrais la bouche pour m'écrier : Je ne suis pas M. de Flavigneul. Mais vous êtes entrée et soudain, à votre vue, j'ai eu honte de mes terreurs, j'ai senti que je pouvais faire de grandes choses, pourvu que vous fussiez là! Ainsi, rassurez-vous, je ne trahirai pas M de Flavigneul; tout ce que je vous demande, c'est de ne pas m'abandonner... soyez là quand le préfet reviendra... soyez là quand on me signifiera ma sentence, soyez là quand... Je suis capable de tout... même de recevoir pour un autre dix balles au travers du corps, pourvu qu'en les recevant je vous entende dire... je suis là !

LA COMTESSE, lui prenant la main.

Brave garçon, car vous êtes brave, je vous connais mieux que vous-même ; c'est votre imagination qui s'effraie... ce n'est pas votre cœur.

DE GRIGNON.

Bien, bien, parlez-moi ainsi !...

LA COMTESSE.

Il ne vous manque qu'un bon danger qui vous saisisse à l'improviste.

DE GRIGNON.

Eh bien ! il me semble que j'ai ce qu'il me faut.

SCÈNE XII.

Les précédents, MONTRICHARD.

MONTRICHARD.

Je ne puis attendre plus longtemps... Madame !... M. le président de la cour prévôtale...

LA COMTESSE.

Vient d'arriver !...

MONTRICHARD.

Oui, Madame !... il faut que M. de Flavigneul se décide à parler... ou qu'il me suive !

DE GRIGNON, hardiment.

Eh bien ! je vous suis !

MONTRICHARD.

Que dites-vous ?

DE GRIGNON, avec exaltation.

Mon parti est pris ! le conseil de guerre, la cour prévôtale, le peloton... le feu de file...

LA COMTESSE, effrayée.

Y pensez-vous ?

DE GRIGNON, de même.

Dix balles en pleine poitrine !... ça m'est égal !... une fois que j'y suis, ça m'est égal ! (A la comtesse.) Je suis le fils de ma mère... (A Montrichard.) Partons, Monsieur !

ACTE III, SCÈNE XII.

MONTRICHARD.

Vous le voulez?... partons!

LA COMTESSE.

Un instant... un instant.

DE GRIGNON.

Non, non, partons.

LA COMTESSE.

Calmez-vous... j'aurais d'abord une ou deux questions importantes à adresser à M. le baron.

MONTRICHARD.

Des questions importantes?

LA COMTESSE.

Oui, monsieur le baron. A quelle heure avez-vous arrêté votre prisonnier?...

MONTRICHARD.

Il y a une heure à peu près... mais je ne vois pas...

LA COMTESSE.

Dites-moi, baron, vous avez dû beaucoup voyager dans votre département?...

MONTRICHARD.

Sans doute, Madame; mais, encore une fois...

LA COMTESSE.

Alors, combien faut-il de temps pour aller d'ici à Mauléon sur un bon cheval?

MONTRICHARD.

Trois petits quarts d'heure!... Mais quel rapport?...

LA COMTESSE.

Et de Mauléon à la frontière? toujours sur un bon cheval?

MONTRICHARD.

Dix minutes, mais...

LA COMTESSE.

Trois quarts d'heure et dix minutes... total cinquante-cinq minutes.

MONTRICHARD.

Oh! c'est trop fort, partons!

LA COMTESSE.

Mais attendez donc!... Quel homme!... j'ai encore une dernière question à vous faire. M. le président de la cour prévôtale que vous attendiez, ne vous a-t-il pas été envoyé de Paris, et n'est-ce pas, si je ne me trompe, un ancien sénateur?...

MONTRICHARD.

M. le comte de Grignon !

DE GRIGNON, poussant un cri de joie.

Mon oncle !... mon bon oncle !

MONTRICHARD, stupéfait.

Votre oncle !

LA COMTESSE, froidement et lui faisant la révérence.

Ici finissent mes questions, Monsieur ! je ne vous retiens plus ; vous pouvez conduire au président... son neveu...

MONTRICHARD, interdit et regardant de Grignon avec effroi.

M. Henri de Flavigneul !

LA COMTESSE, riant.

Fi donc !... un drame ! une tragédie !... nous avons mieux que cela à vous offrir ! une scène de famille... (Montrant de Grignon.) M. Gustave de Grignon, maître des requêtes... que son oncle n'avait pas vu depuis longtemps ; et c'est à vous, Monsieur, qu'il devra ce plaisir !

MONTRICHARD, tout troublé.

Quoi ?... Monsieur serait... ou plutôt ne serait pas... c'est impossible !... vous voulez encore me tromper, Madame !

LA COMTESSE, riant.

Vous pouvez vous en rapporter au président lui-même et à la voix du sang, qui ne trompe jamais !...

MONTRICHARD.

Et votre trouble ce matin quand j'ai fait arrêter Monsieur.

LA COMTESSE.

Mon trouble ? ruse de guerre !

MONTRICHARD.

Cette lettre que j'ai prise sur lui.

LA COMTESSE.

C'est moi qui venais de la lui remettre.

MONTRICHARD.

Vos larmes de douleur !

LA COMTESSE, riant.

Est-ce que j'ai pleuré ? Ah ! pauvre baron, il ne faut pas m'en vouloir... je vous avais promis de me moquer de vous... et je ne trompe jamais... vous le savez ?

DE GRIGNON.

C'est du génie

MONTRICHARD.

Mais alors quel est donc le coupable? car il était ici, j'en suis certain.

LA COMTESSE.

Ah! voilà! qui est-ce! cherchez!

MONTRICHARD.

Dieu! quel trait de lumière!... si c'était l'autre!

LA COMTESSE.

Qui? l'autre? celui à qui vous avez donné un sauf-conduit; celui que vous avez essayé de séduire; celui pour lequel vous avez imploré ma clémence, ah! je le voudrais bien!

MONTRICHARD.

C'est lui! ah! je ne suis pas encore vaincu... et je cours...

LA COMTESSE.

Sur ses traces?... inutile!... vous ne le rattraperez jamais!

MONTRICHARD.

Vous croyez?

LA COMTESSE.

Il a un trop bon cheval!

MONTRICHARD, avec colère.

Ah!

DE GRIGNON, riant.

Ah! ah! ah!

LA COMTESSE.

Le cheval du préfet lui-même!... car vraiment vous avez pensé à tout, généreux ami, même à l'équiper!... et à le solder... témoin ces vingt-cinq louis que je suis chargée de vous rendre... (Allant les prendre sur la table.) Car lui donner des honoraires pour vous tromper... c'est trop fort!

MONTRICHARD.

Ah! vous êtes un monstre infernal! Tant de duplicité, tant de sang-froid! Et moi qui ai écrit au maréchal... Je tiens le chef! Ah! je me vengerai!

SCÈNE XIII.

Les précédents, LÉONIE, entrant, très-agitée.

LÉONIE, à Montrichard.

Monsieur le baron, voici une dépêche très-pressée qui arrive de Lyon. (Montrichard prend les dépêches, et Léonie s'approche vivement de la comtesse.)

MONTRICHARD.

Du maréchal!

LÉONIE, bas.

Ah! ma tante, quel malheur!

LA COMTESSE.

Quoi donc?

LÉONIE.

Il est revenu!

LA COMTESSE, bas,

Qui?

LÉONIE, de même.

M. Henri!

LA COMTESSE, bas.

Comment?

LÉONIE, bas, et montrant un cabinet à droite.

Il est là!...

LA COMTESSE, bas.

Ciel!

MONTRICHARD, fait un geste de joie, puis après avoir lu là la dépêche.

Ah! madame la comtesse!... à moi la revanche!

LA COMTESSE.

Que voulez-vous dire?

MONTRICHARD.

Vous triomphiez, tout à l'heure!... mais à la guerre la fortune est changeante, et malgré votre esprit et vos ruses, le sort de M. de Flavigneul est encore entre mes mains; oui, grâce à ces dépêches que m'envoie M. le maréchal, je puis forcer le fugitif, en quelque lieu qu'il soit, à se remettre lui-même en mon pouvoir.

LA COMTESSE, avec trouble.

Vous... comment?...

MONTRICHARD.

C'est mon secret! A chacun son tour, madame la comtesse... Je veux seulement, avant mon départ, vous montrer que je sais me venger... (A de Grignon.) Monsieur de Grignon, je vais prévenir votre oncle pour qu'il vienne lui-même vous rendre à la liberté. Au revoir, madame la comtesse! (Il sort.)

SCÈNE XIV.

DE GRIGNON, LA COMTESSE, LÉONIE, puis HENRI.

LA COMTESSE.

Que m'as-tu dit? Henri!

LÉONIE.

Il est là...

HENRI, paraissant par la porte à droite.

Me voici.

DE GRIGNON, qui est au fond.

Lui!

LA COMTESSE.

Malheureux! que venez-vous faire ici?

HENRI, vivement.

Mon devoir!... Avez-vous pu croire que je laisserais un innocent périr à ma place?

LA COMTESSE

Périr?

HENRI.

Le vieux garde qui accompagnait ma fuite m'a tout appris... M. de Grignon s'est offert pour moi... M. de Grignon a été arrêté pour moi!...

LA COMTESSE.

Et M. de Grignon est libre! Malheureux enfant! Tenez? qu'il vous le dise lui-même!...

HENRI, apercevant de Grignon et se jetant dans ses bras.

Ah! Monsieur, un tel dévouement...

DE GRIGNON.

Entre gens de cœur, ce n'est qu'un devoir! (A part.) C'est étonnant... je le pense!

LÉONIE.

Et être revenu chercher le péril quand tout était dissipé... conjuré...

LA COMTESSE, avec énergie.

Tout l'est encore!...

LÉONIE.

Comment?

LA COMTESSE, à Henri.

Le dernier lieu où l'on vous cherchera maintenant, c'est ici. M. de Montrichard va partir. (A Grignon.) Vous, en sentinelle pour guetter son départ.

DE GRIGNON.

J'y cours.

LA COMTESSE, à Henri.

Vous... dans ce cabinet.

HENRI.

Mais...

LA COMTESSE.

Oh! je le veux!... et dans quelques instants plus de danger.
(Henri sort.)

SCÈNE XV.
LA COMTESSE, LÉONIE.

Oui, oui, tu peux partager maintenant ma sécurité et ma joie. (Voyant qu'elle se détourne pour essuyer ses yeux.) Eh! mon Dieu, d'où viennent tes larmes?

LÉONIE.

Je ne pleure pas, ma tante, je ne pleure plus... (Sanglotant.) Je suis heureuse... il est sauvé!... mais en même temps, je suis au désespoir... car tout à l'heure, quand il est revenu si imprudemment... quand je l'ai caché dans ce cabinet, où je tremblais pour lui... (Pleurant toujours.) il m'a dit...

LA COMTESSE, vivement.

Quoi donc?

LÉONIE, de même.

Est-ce que je sais? est-ce que je puis me rappeler? Tout ce que j'ai compris... c'est que tout était fini pour moi!

LA COMTESSE, à part et avec tristesse.

J'entends!

LÉONIE.

Que nous ne pouvions jamais être l'un à l'autre!

LA COMTESSE, de même et à part.

C'est juste!... il fallait bien le lui dire! (Prenant la main de Léonie.) Pauvre enfant!... et tu lui en veux... tu le détestes?...

LÉONIE.

Oh! non!... mais j'en mourrai!

LA COMTESSE, cherchant à la consoler.

Léonie... Léonie... il faut de la raison!... car si, par exemple... il était lié à une autre personne...

LÉONIE, vivement.

Justement!... c'est ce qu'il m'a dit! lié à jamais!

LA COMTESSE, vivement.

Et il t'a nommé cette personne?

ACTE III, SCÈNE XV.

LÉONIE.

Non!... il ne l'a jamais voulu!... mais vous, ma tante, est-ce que vous la connaissez?

LA COMTESSE.

Je crois que oui!

LÉONIE.

En vérité?... savez-vous si elle l'aime!... beaucoup?...

LA COMTESSE, avec force.

Oui!...

LÉONIE, à la comtesse.

Et elle est aimable... elle est jolie?...

LA COMTESSE.

Moins que toi, sans doute...

LÉONIE.

Eh bien, alors?...

LA COMTESSE.

Que veux-tu, mon enfant, on ne raisonne pas avec son cœur... et, quelle qu'elle soit, s'il la préfère... si elle est aimée...

LÉONIE.

Mais pas du tout! c'est moi qu'il aime...

LA COMTESSE.

O ciel!...

LÉONIE.

C'est moi! il me l'a avoué... mais il est lié à elle par le respect, par l'amitié, que sais-je! par la reconnaissance...

LA COMTESSE, vivement.

La reconnaissance... ah!

LÉONIE.

Lié surtout par une promesse qu'il lui a faite... et qu'il tiendra même au prix de son sang! Voilà qui est absurde! dites-le-lui ma tante, vous seule pouvez le décider!...

HENRI, qui depuis quelques instants écoutait et a cherché en vain à se contenir, s'élance de la porte à droite.

Taisez-vous! taisez-vous!

LA COMTESSE.

Ciel!

LÉONIE, à Henri.

Rentrez, rentrez de grâce! Si M. de Montrichard arrivait...

HENRI.

Que m'importe!... j'aime mieux mourir!

LA COMTESSE.

Mourir, plutôt que de manquer à votre promesse?... c'est bien Henri!

LÉONIE.

Mais, ma tante...

LA COMTESSE.

Laisse-moi lui parler. (Bas à Henri.) Je vous dois ma vie, disposez-en, m'avez-vous dit. (Léonie s'éloigne de quelques pas.)

HENRI.

Qu'exigez-vous?

LA COMTESSE.

La seule chose que j'aie désirée, rêvée, poursuivie... votre bonheur!

HENRI.

Ciel!

LA COMTESSE, elle fait signe à Léonie de s'approcher; elle lui prend la main, et la met dans celle de Henri.)

Henri... voici celle qu'il faut choisir.

HENRI.

Ah! mon amie... mon amie!

LÉONIE.

Ah! j'étais bien sûre que je vous le devrais! (Elle se jette à ses genoux.)

DE GRIGNON, rentrant vivement par la porte à gauche.

Eh bien! qu'est-ce que vous faites donc là? voici M. de Montrichard!

TOUS.

M. de Montrichard!

LÉONIE, à Henri.

Oh! rentrez! rentrez!

DE GRIGNON.

Il monte par cet escalier... le voici!

LÉONIE, à part.

Il n'est plus temps! (Henri, qui est près du canapé à droite, s'y asseoit vivement; les deux femmes se tiennent debout devant lui, cherchant à le cacher par leurs jupes.)

SCÈNE XVI.

LES PRÉCÉDENTS, M. DE MONTRICHARD.

MONTRICHARD, entrant par la porte à gauche.

Je viens vous faire mes adieux, madame la comtesse...

LÉONIE, avec joie.

Ah!

MONTRICHARD.

Mais, avant de partir, je tiens à vous prouver que je ne me vantais pas en disant que cette dépêche pouvait ramener en mon pouvoir M. de Flavigneul.

LÉONIE, à part.

Je tremble!

LA COMTESSE, à part.

Que veut-il dire!

MONTRICHARD.

Cette dépêche est l'ordonnance que je sollicitais depuis si longtemps, l'ordonnance d'amnistie...

TOUS, poussant un cri de joie.

L'amnistie!

LA COMTESSE ET LÉONIE, s'écartant du canapé où est assis Henri.

Il peut donc se montrer...

HENRI, se levant.

Ah! Monsieur!

MONTRICHARD, avec un air de triomphe.

Ah! j'étais bien sûr que je le ferais reparaître.

LÉONIE.

Ciel!

DE GRIGNON.

C'était un piége; et nous y avons donné... (Tous restent immobiles de terreur. M. de Montrichard s'avance au bord du théâtre et sourit à lui-même avec un air de satisfaction. La comtesse s'approche doucement de lui, le regarde, saisit ce sourire et fait un geste de joie qu'elle réprime aussitôt.)

MONTRICHARD.

Monsieur Henri de Flavigneul... au nom du roi et de la loi, je vous déclare...

LA COMTESSE, s'avançant et riant.

Je vous déclare libre et et gracié...

TOUS.

Comment?

LA COMTESSE, gaiement.

Eh! sans doute! ne voyez-vous pas que M. de Montrichard veut prendre sa revanche, et qu'il joue là une scène de terreur à mon usage...

LÉONIE.

Il serait vrai!

LA COMTESSE, prenant le papier des mains de Montrichard.

Tenez!... lisez!... Ordonnance d'amnistie...

MONTRICHARD.

Maudite femme! On ne peut pas plus la tromper en bien qu'en mal!

LÉONIE, à la comtesse.

Et maintenant, tous trois réunis...

LA COMTESSE.

Oui, ma fille!... mais plus tard... car aujourd'hui je dois partir.

LÉONIE.

Partir!

DE GRIGNON.

Vous partez?... eh bien, je pars aussi! Oh! vous avez beau dire! je pars! c'est fini! je vous suis! Rien ne m'arrête! je vous suis jusqu'au bout du monde! et, chemin faisant, j'accomplirai devant vous de si belles choses, que vous finirez par vous dire : Voilà un pauvre garçon dont j'ai fait un héros... faisons-en un homme heureux!

LA COMTESSE.

Ne parlons pas de cela!... (Passant près de M. de Montrichard.) Eh bien, baron?

MONTRICHARD.

J'ai perdu... madame la comtesse! Je suis vaincu!

LA COMTESSE, avec émotion.

Vous n'êtes pas le seul! (Affectant la gaieté.) Que voulez-vous, baron? pour gagner, il ne suffit pas de bien jouer!

MONTRICHARD.

Il faut avoir pour soi les as et les rois.

LA COMTESSE, à part, regardant Henri.

Le roi surtout!... dans les batailles de dames.

FIN DE BATAILLE DE DAMES.

www.ingramcontent.com/pod-product-compliance
Lightning Source LLC
LaVergne TN
LVHW052109090426
835512LV00035B/1453